PUBLIC
GOVERNANCE
REVIEW

公共治理评论

2018（2）

上海财经大学公共政策与治理研究院

上海财经大学出版社

图书在版编目(CIP)数据

公共治理评论.2018.2/上海财经大学公共政策与治理研究院编著.
—上海:上海财经大学出版社,2019.12
ISBN 978-7-5642-3436-2/F·3436

Ⅰ.①公…　Ⅱ.①上…　Ⅲ.①公共管理-文集　Ⅳ.①D035-0

中国版本图书馆 CIP 数据核字(2019)第 289056 号

□ 责任编辑　江　玉
□ 封面设计　张克瑶
□ 责任校对　卓　妍

公 共 治 理 评 论

2018(2)

上海财经大学公共政策与治理研究院

上海财经大学出版社出版发行
(上海市中山北一路 369 号　邮编 200083)
网　　址:http://www.sufep.com
电子邮箱:webmaster@sufep.com
全国新华书店经销
江苏凤凰数码印务有限公司印刷装订
2019 年 12 月第 1 版　2019 年 12 月第 1 次印刷

787mm×1092mm　1/16　8 印张(插页:2)　185 千字
定价:78.00 元

公共治理评论

PUBLIC GOVERNANCE REVIEW

目　录

CONTENTS

社会保障

职工基本养老保险逃费行为及其规范机制研究
——以某直辖市为例　周燕敏　李豪豪　杨翠迎(3)

保基本养老机构服务供给优化研究
——基于上海市的调查　杨翠迎　沈凯俊(15)

构建“租购并举”共有产权福利房制度的探讨
——创新福利安居机制 构建新型产权制度　朱志敏(28)

爱尔兰医疗保障制度及对中国的启示　徐常钦　李豪豪(44)

公共财政

日本财政投融资制度的发展研究　宋　宇(57)

从中央政府的地区财力平衡措施到地方政府的互联网众筹工具
——日本故乡税简介及启示　宋健敏(67)

公共管理

政府绩效评价中的第三方机构资质准入机制在起作用吗?
——以上海市政府购买社会组织服务项目绩效评价为例　曾纪茂(79)

政府补助亏损上市公司的配置决策研究　郑春荣　吴一平　孙概羽(89)

非关税贸易壁垒来源、特征及测量方法研究进展　金则杨(101)

准公共品视阈下图书馆服务边界的有效拓展研究　冯经纶(111)

PUBLIC

GOVERNANCE

社会保障

REVIEW

职工基本养老保险逃费行为及其规范机制研究

——以某直辖市为例

周燕敏　李豪豪　杨翠迎

摘　要： 职工基本养老保险逃费一直是困扰我国基本养老保险缴费的难题。本文以某直辖市为研究对象，通过对该直辖市养老保险相关职能部门积累的资料及调研数据进行分析，总结和分析了职工基本养老保险逃费行为、逃费动因及其负面影响问题。研究显示，该直辖市存在欠缴、漏缴、少缴三种逃费类型，其中少缴是最主要的逃费类型；企业逃费的主要动因在于减少用工成本、对职工不重视、对政策不了解及担心职工流动过快等，职工逃费的主要动因在于保护当期收入、参与养老保险再分配意愿不强、不愿意被企业束缚及对社保不重视等；而逃费无论是对职工、企业还是社会，都将产生严重的负面影响，为此，本文设计了削弱劳资双方逃费动因的机制，并基于大数据建立了预警机制，最后提出了完善多元保障体系的缴费规范机制。

关键词： 职工基本养老保险　逃费　规范机制

一、引言

企业职工基本养老保险是职工退休后基本生活的重要保障，是我国社会保险重要的组成部分。但该制度自 1991 年推行以来就深受逃费问题的困扰，仅征缴率这一指标而言，1992 年为 95.7%，1997 年为 80.0%，年均下降近 3%。近年来，通过提高职工维权意识和加强征缴监管，职工基本养老保险逃费问题有所改善。征缴率基本呈现逐年上升的趋势，到 2017 年已经达到了 94.3%；职工参保时间合规的比例总体也呈现增长趋势，2017 年已经提高到了 84.1%；但社会保险费缴费基数合规企业比例呈现下降趋势，2017 年该比例下降至 24.1%。总体来说，职工养老保险逃费情况的改善主要表现在社保征缴率和职工参保时间合规上，养老保险基数不合规也就是我们通常所说的养老保险基数不实这一问题仍然严峻，因此，养老保险逃费问题及其规范机制的研究是必要的并有意义的。

本文得到国家自然科学基金项目“基于就业促进和生活保护的社会保险制度费率调整与保障功能优化研究”（项目编号：71673176）的资助。

作者简介：周燕敏，上海市劳动保障监察总队一级主办；李豪豪，上海财经大学公共经济与管理学院硕士研究生，研究方向为社会保障；杨翠迎，上海财经大学公共经济与管理学院教授、博士研究生导师，研究方向为公共经济政策学、社会保障。

目前,学术界对于这一问题的研究主要集中在以下方面:一是养老保险缴费逃费动机和形式方面的研究。例如,赵静经实证分析发现,生产规模越小的企业逃费愿望越强烈,企业养老保险的参保率与缴费的费率成反比;赵绍阳通过实证研究发现,企业发放给职工的工资越多,企业自身缴纳养老保险费的意愿越低。二是养老保险缴费压力与逃费行为影响方面的研究。如吴丽萍、陈珊通过对2015年上市公司年报数据分析,发现企业养老保险的参保缴费率与企业雇佣职工的人数呈正相关,其中,央企和地方国企的参保缴费率最高;郑秉文认为,企业承担的养老保险比例较高,会给企业带来经营负担,这也是企业逃费的重要原因,要增加企业自主参保率,应当降低企业养老保险负担,保障企业生产经营正常开展。三是养老保险逃费治理方面的研究。如陈曦通过定量分析认为,在短期内通过降低养老保险缴费率,可以提高养老保险基金收入,但长期降费则将增加基金的收支缺口;景鹏、胡秋明通过测算发现,降低缴费率可以调动企业参保的积极性;张琴等通过对中国人口预测数据的测算分析,认为推迟退休年龄有助于缓解养老保险基金的支出压力。总体来说,我国关于养老保险逃税的研究起步较晚,虽然近年来有所发展,但仍存在理论依据不足、实际调查不充分、研究不够系统深入等问题。

本文以该直辖市为例来研究企业职工基本养老保险逃费问题。一方面,该直辖市经济发展速度很快,企业数量多并且迭代速度快,吸引了一大批流动性较高的外来务工人员,职工基本养老保险逃费情况也比较严重。另一方面,该直辖市自1979年进入老龄化社会以来,老龄化速度不断加快,保证养老基金平稳运行一直是政府工作的重要目标,因而政府一直致力于养老保险逃费问题的解决,在规范养老保险缴费方面也卓有成效。

本文资料和数据来源共有三个途径。一是直接来源于该直辖市相关职能部门数据和案例,具有较高的可信度和参考意义;二是为了更好地了解企业和职工逃费的形式和动机,本文从该直辖市劳动保障监察机构2017—2018年度查处的社会保险缴费违规企业中抽取了违规企业和职工进行了调研;三是为了更科学地解读逃费问题,设计缴费规范机制,本文还访谈了劳动法律师、社保中心稽核专家和劳动保障监察机构的专家。

二、逃费类型及该直辖市逃费现状

职工养老保险逃费主要表现为三种类型:欠缴、漏缴、少缴,其中每种类型又存在着一种或多种表现形式。在该直辖市,由于隐蔽程度和监管难易程度的不同,不同类型的逃费问题在该直辖市的严峻程度也不同,具体情况类型和现状如下:

(一)职工养老保险欠缴

欠缴是指一些企业虽然已在社保中心办理了职工养老保险费的登记和申报手续,但没有按时缴纳养老保险费,导致拖欠。欠缴在现实中的主要表现形式为以企业经营不善、资金周转困难、停产半停产为理由拖欠职工养老保险费。

在该直辖市,多数企业都能够按时为职工作社保登记,但养老保险未按时缴费的情况依然时有发生。部分企业长期拖欠养老保险缴费,有些是因为经营不善无力支付,有些则是主观上不愿缴费。无论是否存在主观故意,客观现实就是部分企业在相当一段时间内甚至是长期不缴费。

针对此类情况，该直辖市地区的社保管理部门与劳动保障监察部门在监管流程、案件处理方式上都比较先进。因此，企业拖欠养老保险费的行为在该直辖市中不是普遍现象，在本文调研中此类违规企业占总逃费企业的20%。

（二）职工养老保险漏缴

漏缴是指部分企业未按规定为部分职工缴纳养老保险费。具体表现形式为：企业在向社保中心申报企业用工人数时隐瞒实际用工人数，不为或不及时为新进职工办理社保登记手续，刻意减少缴费人数或时间段等。

在该直辖市，本地职工和在较大公司工作的员工具有相对较高的文化水平和自我维权意识，一般不会发生漏缴的情况。漏缴养老保险费的情况多发生于流动性较强的外来职工群体以及民营小企业中，主要表现为小企业在录用外来职工后不为或不及时为其办理社会保险登记，导致员工无法缴纳职工的养老保险，使职工养老保险缴费从时间段上造成缺失。

针对这一情况，该直辖市解决办法如下：职工如果遇到企业不愿为其办理社保登记或缴纳社保费用，可以向劳动保障部门或社保管理部门投诉，相关部门接到投诉后会对企业作出有针对性的检查，如果情况属实，会责令企业尽快解决这一问题。通过上述流程，这一问题基本上可以较快地得到妥善解决。但在漏缴企业中职工大多处于弱势地位，还有部分漏缴可能是出于职工意愿，对于这些情况，该直辖市还没有良好的解决机制。因此，漏缴问题在该直辖市较为严重，在本文调研中此类企业占总逃费企业的30%。

（三）职工养老保险少缴

少缴即企业在每年向社会保险经办机构申报工资总额时，瞒报、低报职工的实际工资总额，导致据此计算的职工社会保险缴费基数低于应计基数，从而达到减少缴费的目的。少缴的主要表现形式有：以现金形式发放给职工各种津贴和福利但申报时不计入工资基数，直接以最低缴费基数申报，不以职工实际全部工资收入总额为申报基数，混淆“应付工资”与“实发工资”，扣除个人所得税、住房公积金等非扣项金额后再申报基数等。相比于上述漏缴和欠缴，少缴更加隐蔽，也是企业逃费最主要的方式，在本文调研中此类企业占总逃费企业的50%。

在该直辖市，确定社会保险费缴费基数的流程如下：第一步，企业按照职工上一年度1—12月的所有工资性收入所得（包含薪资、奖金、现金收入等）的月平均额来计算出薪资基数；第二步，由企业主动向社保经办机构进行申报，申报的缴费基数须经职工本人签名或采用公示的方法进行确认；第三步，社保经办机构确认缴费基数，并需要符合个人缴费基数最高不高于上年度全市职工平均工资的300%，最低不低于上年度全市职工平均工资的60%。在该直辖市，很多企业都会在第二步申报时通过各种形式少报、瞒报工资总额，从而达到少缴的目的。

针对少缴这一问题，该直辖市每年都会由社保经办机构按照一定的比例对涉嫌少申报工资总额的企业做抽检并委托会计师事务所对部分企业进行社会保险费专项审计，对审计确认少申报工资总额的企业，会责令其及时整改并按实补缴。但即便如此，少缴问题还是由于其很难被完全发现并且发现后惩罚力度低而屡禁不止。因此，如何减少少缴行为，做实缴费基数，仍然是该直辖市养老保险缴费最大的挑战。

综上所述，在该直辖市，欠缴、漏缴、少缴的问题都有发生。总体来说，该直辖市与全国情况一致，欠缴和漏缴问题存在较好的监督检查机制，发生概率相对较低，少缴由于其隐蔽性高以及机会成本低，是最容易出现的逃费问题。因此，在设计缴费规范机制时，应重点关注少缴问题的识别和控制。

三、企业和职工的逃费动因分析

企业、职工双方共同意愿及行为决定了企业是否依法合规缴纳养老保险。只要其中一方的意愿或行为偏离政策法律规范，就会造成缴费行为的中断或不完整。企业与职工在劳资关系中处于不同地位，自然会从不同视角考虑这一问题，所作出的决策和行为也会各不相同。以下将基于对逃费企业及其职工的调研从双方各自的利益角度分析其逃费的动因。

（一）企业逃费的动因分析

企业不愿为职工缴纳养老保险费的动因存在着异质性，笔者将调研得到的逃费企业对其违规动因的描述汇总成了图 1，该图反映了企业不为职工缴费的主要动因，除了企业经营困难这一客观原因外，其余较为主观的动因有四点：

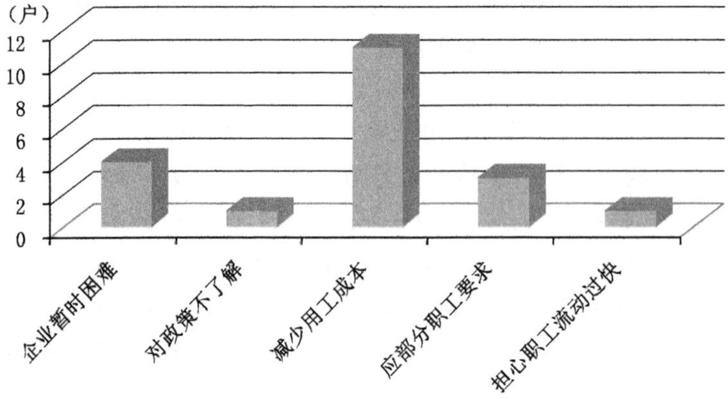

图 1　企业违规原因分布

第一，减少用工成本。据粗略统计，企业为职工承担社保、公积金等各类税费接近应付工资的 50%，而若是企业选择偷逃社保费，所对应的机会成本相当低，即使被相关监督管理部门查实，多数情况下也仅以补缴了事。追求利润最大化是企业的终极目标，在目前“高收益”和“低机会成本”的情况下，减少用工成本成了企业逃费的主要原因。从调研来看，所有专家都认为目前企业在社保费缴纳方面违规的主要原因是“减少用工成本”，社保缴纳违规企业负责人承认，企业违规主要出于“减少用工成本”目的考虑的占 55%，“应部分职工要求”而导致违规的占 15%，这种情况实质上也是在降低企业的用工成本。从调研来看，70%的企业在社保费缴纳问题上违规的主要动机就是“减少用工成本”。

第二，企业对职工不重视。企业对职工不重视这类情况较多发生在处于上升期的企业，经营者将工作重心放在业务的扩展和业绩的提升上，对职工的重视程度不够。经对社保缴纳违规企业的职工调研结果整理汇总可知，在企业社会保险费缴纳违规的原因方面，30%的职工认为，企业逃费是因为企业“对职工不重视”。

第三，企业对政策不了解。有些企业经营者对相关政策不了解，认为只要按事先协商一致的待遇给足职工即可，部分企业甚至提出将缴纳养老保险的费用与工资一并以现金形式发放给职工。造成这一现象的主要原因是企业的法律意识淡薄，将社会保险费征收的强制性理解成劳资双方的合意一致性。这类情况一般发生在小微企业，在调研中因为“对政策不了解”而违规的企业仅占5%。

第四，企业担心职工流动过快。规模较大的生产密集型企业或者服务类企业招用外来人员的比例都非常高，而外来人员的流动性相对较大，可能出现每天都有职工入职离职的情况。为了避免繁琐的社保手续，提高人员稳定性，有些企业就制定了内部规定，职工必须入职满3个月以后才开始缴社保。这种情况在对社保缴纳违规企业负责人的调研中占5%。

(二)职工逃费的动因分析

在针对逃费企业的逃费动因调研中，“应部分职工要求”是企业的逃费原因之一。职工不愿缴纳养老保险、协助企业进行逃费会导致企业的逃费行为变得十分隐蔽和难以规避，因此，了解职工不愿缴费的动机具有重要意义。基于调研和违规企业职工相关资料，对某直辖市职工不愿缴纳养老保险的动因分析如下：

第一，职工认为减少养老保险支出可以增加当期收入。大部分职工其实不是“不想交”，而是“交不起”，这里并非指真正的“交不起”，缴纳养老保险的费用对一个普通职工来说虽然可以负担，但当同时面临如还房贷、交房租、家人医疗、教育等其他生活压力时，当期收入的减少就弱化了他们的缴费意愿。职工认为，企业养老保险减少了他们的当期收入，为了增加当期收入，很多企业职工甚至向企业提出不缴或少缴的书面申请。对社保缴纳违规企业中职工的调研也证实了这一点。

第二，高收入群体参与养老保险再分配的意愿不强。在该直辖市，按照规定，高收入群体按平均社会工资的300%缴纳养老保险费，其统筹账户则是按照全社会平均分配，相对缴费来说，他们获得的较少，会产生心理上的不平衡感。养老保险缴费类似于储蓄，高收入群体会认为自己在经济上不用为今后的养老问题担心，养老金对于改善生活能起的作用并不大，当前按高基数缴纳养老保险意味着当期可支配收入的大量减少，影响当前生活质量，因此，高收入群体对于养老保险缴费意愿不高。

第三，职工不愿被企业“束缚”。该直辖市是个海纳百川的国际大都市，外来从业人员比例相当高，许多外来职工不愿缴纳养老保险费甚至不愿签订劳动合同，以方便随时离职。与传统的“铁饭碗”观念不同，工作时间、强度、报酬等诸多因素都成为选择工作的重要考量，年轻的职工认为工作是双向选择的，更好的工作机会可能随时会降临，若与目前就职的单位达成长期协议则不利于随时“跳槽”。

第四，职工思想上对于缴纳养老保险费不重视。家庭收入的主要来源一般来自家庭的中坚力量，而家庭收入则需要分配给家庭所有成员使用。参加工作的家庭成员认为自己年轻、身体健康，短期内不需享受养老待遇，也不容易产生医疗负担，将来能在多大程度上享受到养老待遇还不明确，部分职工甚至认为可以通过将来购买商业保险来替代养老、医疗保险。对于外来流动人口来说，由于目前养老保险尚未全国联网，而全国大部分地区养老保险无论费基还是费率都低于该直辖市，他们大多会选择在原籍缴纳养老保险，年老后回到原籍养老。

总结上述企业和职工不愿缴纳企业职工养老保险的动机，对于企业来说，最主要的动因是出于减少用工成本的考虑，而导致企业将动机变为逃费行为的两个原因是费率过高致使企业负担过重，以及逃费的机会成本低。对于职工来说，增加当期收入是他们不愿缴纳企业职工养老保险的主要动机，产生这一动机的原因主要是短视和缺乏法律意识。在设计企业职工养老保险规范机制的时候，应将这些动机和原因作为重要因素考虑。

四、职工基本养老保险的逃缴费影响分析

企业职工基本养老保险的逃缴费的影响是多方面的，其中，最为直接和首要的就是会影响到职工的当期和未来权益，除此之外，也会对企业和社会的方方面面造成影响。

（一）对职工当期权益的影响

在对职工逃费动机的分析中，认为逃费可以增加当期收入是职工逃费的重要原因，这反映出职工普遍认为逃缴养老保险可以增加其当期收入。但是通过简单的测算我们就能得到，逃费基本上不会增加甚至会减少职工的当期收入。

以该直辖市为例，该直辖市实行的是“五险合一”的社会保险统一征收政策，意味着必须同时以同一个基数来缴纳养老保险、医疗保险、失业保险、工伤保险和生育保险。另外，在社保体系外但对职工影响同样非常大的公积金，从理论上说，应当与社会保险费基数相同。接下来我们以 2018 年公布的该直辖市社会平均工资 7 132 元/月作为假定的职工收入测算一下参保基数变化对职工当期收入的影响。

若职工按足额缴纳社保费用计算，则缴纳“五险一金”及个税情况见表 1。由表 1 可得，按足额缴纳养老保险费产生的联动效应至少使个人负担 17.5%的费率（不计补充公积金等），也即 1 248.10 元。同时，企业负担比例约为 38.2%，即 2 724.42 元。因此，在依法合规的情况下，企业支付 9 856.42 元用工成本，职工获得 5 857.38 元净工资收入。

表 1　　按照平均工资测算职工“五险一金”、个人所得税、工资收入情况

	个人部分		单位部分	
	缴费比例	金额（元）	缴费比例	金额（元）
养老保险费	8.0%	570.56	20.0%	1 426.40
医疗保险费	2.0%	142.64	9.5%	677.54
失业保险费	0.5%	35.66	0.5%	35.66
工伤保险费	0.0%	0.00	0.2%	14.26
生育保险费	0.0%	0.00	1.0%	71.32

续表

	个人部分		单位部分	
	缴费比例	金额(元)	缴费比例	金额(元)
基本住房公积金	7.0%	499.24	7.0%	499.24
共计支出	17.5%	1 248.10	38.2%	2 724.42
扣除“四金”后工资	—	5 883.90	—	—
个人所得税(新税法)	—	26.52	—	—
税后净工资收入	—	5 857.38	—	—

说明:该表由作者根据该直辖市 2018 年社会保险税率和个人所得税率制成,以社会平均工资为缴费基数,测算职工缴费缴税情况和工资情况。

接下来是对职工逃费后当期收入的测算。少缴是目前养老保险逃费最主要的类型,少缴的主要表现形式就是降低或者按照最低缴费基数来缴纳养老保险。因此,本文选取按照最低缴费基数缴纳养老保险作为逃费形式进行测算,结果如表 2 所示。对职工来说,逃缴基本养老保险之后,职工净收入为 6 341.68 元,增加了 484.30 元。

表 2　按照最低缴费基数测算职工“五险一金”、个人所得税、工资收入情况

	个人部分		单位部分	
	缴费比例	金额(元)	缴费比例	金额(元)
养老保险费	8.0%	342.32	20.0%	855.80
医疗保险费	2.0%	85.58	9.5%	406.51
失业保险费	0.5%	21.40	0.5%	21.40
工伤保险费	0.0%	0.00	0.2%	8.56
生育保险费	0.0%	0.00	1.0%	42.79
基本住房公积金	7.0%	299.53	7.0%	299.53
共计支出	17.5%	748.83	38.2%	1 634.58
扣除“四金”后工资	—	6 383.18	—	—
个人所得税(新税法)	—	41.50	—	—
税后净工资收入	—	6 341.68	—	—

说明:该表由作者根据该直辖市 2018 年社会保险税率和个人所得税率制成,以社会平均工资的 60%作为缴费基数,测算职工缴费缴税情况和工资情况。

由上述两表的差异貌似能得出一个结论:少缴社会保险费可形成企业、职工“双赢”的局面。以年为计算单位,通过违规少缴养老保险费,职工每年可多获得工资收入约 0.58 万元,企业每年节约用工成本约 1.3 万元。

上述结论只考虑了职工的税后工资的变化,事实上,职工降低缴费基数从而少缴养老保险费产生的辐射作用是多方面的,其对于职工及其家庭在医疗、住房等方面的影响尤为突出。对于医疗保险，职工缴纳的医保个人部分全部计入个人医保账户内，企业缴纳的基本医疗保险费的30%左右计入个人医保账户。按照最低的企业计入标准(2018年为210元的30%)，根据两表格对比计算，缴费基数的下降会引致职工个人医疗账户资金减少约684元/年。对于职工公积金账户，每月因基数减少缴费，将少获得由企业和个人支付的公积金部分约400元，每年约0.48万元。综上，若由社平工资基数减为最低基数缴费，职工实际每年多得到收入仅300元左右而已，并且随着年龄的增长，医疗保险缴费中企业计入个人账户的标准逐年上升，这一数字将变为负数。

以上分析还只是考虑了收入方面的影响，如果将患病风险、发生工伤的风险考虑进来，由于疾病和工伤的赔偿都是与缴费数额相关联的，那么企业逃缴职工养老保险的危害就会更大。综上所述，若企业违规逃缴职工养老保险，从表面上看，职工每月多了一点点工资收入，经深层分析，养老保险缴费基数可谓是牵一发而动全身，逃费对职工实际可支配收入的保护十分不利。

（二）对职工未来权益的影响

企业逃缴企业基本职工养老保险对于职工未来权益的影响主要表现为未来养老金的减少。该直辖市企业城镇职工养老保险实行由国家、单位和个人三方共同负担养老费用建立基本养老金正常调整机制，并按照个人缴费储蓄与社会统筹相结合的原则，建立个人养老保险账户，实行“社会统筹”与“个人账户”相结合的模式。

经过多年的改革和完善，目前执行的养老金计发办法见表3。1992年以前参加工作的职工，缴费年限(含“虚账实记”记账年限)累计满15年，基本养老金由基础养老金、个人账户养老金和过渡性养老金三部分组成；1993年以后参加工作的人员，养老金由第一、二部分组成。

表3　　某直辖市养老金计发办法

月标准		计算公式
第一部分	基础养老金	(办理申领基本养老金手续时上年度全市职工月平均工资＋本人指数化月平均缴费工资)÷2×(缴费年限×1%＋剩余缴费月数×0.083%)
第二部分	个人账户养老金	个人账户储存额(不含“虚账实记”的金额及其利息)÷国发〔2005〕38号规定的计发月数
第三部分	过渡性养老金	一是按照本人1992年底以前视同缴费年限每满1年发给办理申领基本养老金手续时上年度全市职工月平均工资的1.2%
		二是按照本人办理基本养老金申领手续时1993年到1997年5年内个人账户储存额对应的“虚账实记”总额除以120

说明：该表由作者依据2018年该直辖市养老金计发办法制成。

由表3可得，基础养老金的变化除与本人缴费有关之外，还关联着上年度社平工资，因此，基础养老金在基数上对于领取养老金人员收入差距影响相对不大。基础养老金的金额更大程度上取决于缴费年限。而个人账户养老金恰恰相反，它的储蓄池完全由个人缴费的金额构成，个人部分缴费越多的职工，退休后领取的养老金也越多。这就是现行养老保险制度中对个人责任的强化。

根据表 3 中的公式，假设 A、B 两名职工的年龄和工作年限相同，收入均与每年的社会平均工资相同。两人于 2018 年底退休，且缴费年限均为 30 年，其中，1992 年底之前工龄 5 年，1993 年以后缴费 25 年。区别在于，A 职工长期以社会平均工资基数缴费而 B 职工长期以最低基数缴费。模拟计算后，A 职工每月所能领取的养老金约比 B 职工高 200～300 元，每年就是 2 400～3 600 元。因此，企业职工养老保险的逃费对于职工的未来权益是有损害的，并且相比于前述逃缴可以提高的当期收入水平(300 元/年)，未来收入的减少是它的 10 倍甚至更多。

(三)对企业的影响

养老保险逃费对企业的影响是多方面的。养老保险逃费可以降低企业的用工成本。根据表 1、表 2 中的推算，通过以最低缴费基数来少缴养老保险和其他“四险一金”，企业每月的职工保险支出由 9 856.42 元减少至 8 766.58 元，减少了 1 089.84 元，每年约 1.3 万元，这一基数乘上企业的职工人数就是一个很大的数字。对于这部分节省的资金，企业可以将其作为降价空间，从而提高自身的竞争力，也可以保留作为企业的风险储备金或留存收益。从这个角度看，逃费对企业是有利的，这也是目前企业逃费的主要原因。

但是，逃缴养老保险也会给企业带来不利影响。首先，企业逃缴养老保险会降低职工的工作积极性，降低企业的竞争力。员工选择工作不只是为了维持目前的生活，也是为自己年老时的基本生活提供保障。如果企业存在逃缴行为，就会影响职工的未来收入，就会降低考量未来收入的职员的积极性，甚至导致人员的流失。其次，企业逃缴养老保险会降低职工的稳定性。养老保险是一种未来的收入，一个企业的养老保险制度越完善，对职工老年生活的保障水平就越高，对于职工来说，离职的机会成本就越高，职工尤其是高级职工的稳定性就会越高；相反，如果企业存在逃缴行为，那么职工离职的损失就越小，职工的稳定性就越低。最后，企业逃缴养老保险会影响企业的信誉，不利于企业形象的发展。在互联网时代，信息的传播速度快，一旦企业的逃费情况被发现，就会永久保留在企业的征信记录上，这对企业的招聘和未来长远的发展都会造成不利的影响。

(四)对社会的影响

第一，逃缴养老保险基金会导致社保基金收入减少。养老保险制度建立的初衷就是先缴费后享受、多缴费多享受、少缴费少享受。基金无法自己产生养老金，只有在职人员每人都为之作出贡献，退休的时候才能领取由下一代在职人员缴纳的社保基金，一旦出现参保者应缴未缴和少缴的情况，不但会影响参保者退休后的养老待遇水平，还将直接影响养老基金整体的收支平衡，更有甚者，基金数量减少迫使基金管理部门增加养老金的缴费率或缴费基数，缴费比率或缴费基数提高反过来又使得更多的企业或职工不缴或少缴养老金，形成恶性循环。

第二，逃缴养老基金会对社会稳定和经济发展产生不利影响。养老保险制度的建立和完善一方面可以保障老年人退休后的基本生活，体现社会主义制度优越性；另一方面可以因老龄职工老有所养而让适龄劳动力在就业时无后顾之忧，从而保证劳动力市场的良性运转。若养老保险缴费不足，养老保险基金的收支平衡就可能被打破，导致无法足额或者按时发放退休人员的养老金，破坏养老金保障的可信度和可行性，影响社会的稳定。除此之外，还可能导致劳动力市场无法良性地进入和退出，最终影响社会稳定和经济发展。

五、规范基本养老保险参保缴费的机制设计

通过上述该直辖市逃费类型、逃费动因以及逃费影响的分析，可以得出以下结论：

第一，由于隐蔽性高，惩罚力度低，少缴是目前最主要的逃费类型。

第二，对企业来说，最主要的逃费动机是降低成本；对职工来说，最主要的逃费动机是增加当期收入。

第三，逃缴养老保险对职工的当期收入并不会有太大的提高，但对其未来权益有较大的损害。

基于上述研究，本文提出以下三点养老保险缴费规范机制：

（一）抑制劳资双方逃费动因的机制设计

第一，降低缴费率，提高缴费弹性，降低企业成本。企业目前负担过重有两方面的原因：一是社会保险费率偏高使用工成本过高；二是一年内固定的缴费基数和费率令不少企业和职工产生了被束缚的感觉，尤其是生产经营状况不佳的企业和收入较低的缴费群体，他们的利润和收入本身就存在不确定性，固定的缴费率会使他们为了避免收入下降无法足额缴纳而直接报一个最低的缴费基数。针对上述情况，首先，应该降低费率，减少企业成本。2015 年国家"十三五"规划建议已经提出"适当降低社会保险费率"，各地也开始探索降费方案，但降费的幅度和落实方法还需要进一步探索；其次，如果在法律框架允许的范围内，设计更为合理的、可依实际情况调整的缴费率，则不仅可以减轻企业的负担，提高企业市场竞争力，也同时可以减轻职工的负担，增强职工参保的积极性。

第二，加强监督，提高惩罚力度，增加逃费成本。监督机制不够完善，逃费被发现后惩罚力度过低，基本以补缴为主，也是企业逃费的重要原因。对此，一要加强社会舆论监督，引导企业正确对待眼前利益和长远利益。对于故意降低员工缴费基数的企业，通过媒体"黑名单"曝光等方式从社会外部给其施加压力，促使它们按时足额缴纳养老保险费。二要由政府和职工分别实施监督，形成强有力的监督机制。如企业为职工申报缴费基数前，必须首先通过员工的签名对其基数进行确认，社保经办机构在企业申报时再次对其资料进行审核并定期向社会公布单位缴费情况等。三要加大惩戒力度，一旦发现企业逃缴行为，就要严厉惩罚，提高违法成本，使企业不敢"知法犯法"。

第三，做好宣传，提高职工对养老保险的了解和维权意识。可以通过报刊、网络、电视、广播等媒体，大力公开宣传养老保险政策；也可以从现实生活中寻找实例，以讲述真人真事的方式，让大家感受参保人员与未参保人员老年生活的差距，从而增加企业和职工对政策的信任，并了解规范参保所带来的好处。当职工实实在在体会到逃费的危害性和养老问题给家庭带来的负担时，也会对养老缴费增加重视度，从而增强自愿缴费意识。

（二）以分析企业工资及缴费数据为基础的预警机制设计

利用大数据进行分析在我国很多行业都有应用，在社保领域，通过对企业工资和参保缴费大数据的分析，可以刻画和深入挖掘企业和职工的参保缴费行为，两者结合可以建立企业逃费预警机制，从而降低企业逃费的隐蔽性。

第一，解析相关部门获取的企业工资数据。企业工资在一般情况下往往对外是保密的，但对于政府部门，企业会如实提供其工资数据，政府部门在横向和纵向上都掌握了大量的企业工资数据和社保数据。如企业每年调整养老金缴费基数时，会向社保中心申报工资总额；企业在接受劳动保障监察部门监督检查或申请劳动仲裁时，会向监察部门或仲裁部门提供每月工资明细；企业在申报个人所得税时，会向税务部门提供职工工资总额；企业向总工会缴纳工会经费时，也会提供工资数据。这些数据的侧重点各不相同。通过解析这些数据，可以了解企业的经营情况、人员构成、缴费能力和变化，如企业向社保中心提供的是工资总额，可以反映企业工资方案的整体情况，通过对职工岗位、工龄、年龄、职称等分类，可以分析出企业工资层次。劳动保障监察和仲裁部门的数据可以反映企业是否拖欠工资、是否少支付工资等，能间接反映企业的经营状况。税务部门和工会需企业每月申报，所获得的数据可能更为即时、全面。

第二，解析各相关部门的企业缴费数据。与工资数据同理，社保中心数据库中的企业缴费及征缴数据与劳动保障监察部门监督督促企业缴费的相关数据也是重大“宝藏”之一。通过对这些数据的分析，同样可以预警企业的经营状况和缴费能力，以期提前发现问题。可以将企业按规模、性质、行业类型等特质分类，通过对于养老金缴费现状、历史情况的比较与分析，觉察数据中的差异情况。比如，经营情况良好的正常企业，每年会在一定幅度范围内略调高职工的缴费基数，若出现较大幅度的波动，则应当被重点关注。

第三，将企业工资大数据分析结果与缴费大数据分析结果予以整合，建立企业逃费预警机制。企业工资数据分析结果与缴费数据分析结果是密不可分的，可以互相补充不足之处。比如，某一朝阳产业的企业，从未发生过欠费问题，如果突然大范围降低职工缴费基数，那么，预警机制将自动启动，可从数据库直接调取该单位工资数据，并分析其变化趋势，罗列出企业可能已经或正在发生的状况变化，从而预判企业缴费能力，并予以重点关注。对于分析的不同结果，还可按严重程度利用颜色或其他工具设置分级，建立起简单易发现的预警机制，对于不同级别企业采取不同措施。

（三）多元化保障体系机制的设计

抑制劳资双方逃费动机和数据预警机制的设计都离不开保障体系，只有法律上合法，程序上严谨，并且有充足的资金和人才，这两个机制才能建立和运转，规范养老保险的缴费情况。

第一，建立法律保障体系。现有的社保缴费和监督的法律依据太过宽泛，并且对逃费的惩罚力度太低，无法起到约束企业的作用，要进一步建立和完善养老保险缴费和监管的法律体系，使其有法可依，有法必依，违法必惩。

第二，建立程序保障体系。首先，强化参保登记的管理机制。在现有的参保登记管理的基础上，企业首次登记后，要注意其经营状况和人员变动情况，加强和完善对缴费源的控制，要求定期年检并报告缴费职工的详细名单，同时，督促企业每年向职工公布具体的缴费情况。其次，建立养老保险缴费情况记录系统。除记录企业与个人的常态缴费情况之外，对各种经营情况变动、工资详情和涉及逃费问题等均予以记录在案，并与各相关机构实现数据互通，对企业与个人在征信方面构成心理压力，从而降低其逃费愿望。最后，建立专业化征收体系。提高征收职能的针对性，加强缴费基数核定，做好分析和研判工作，确保企业申报基数的准确性和真实性。与各部门配合征缴，例如，可与个人所得税、公积金等一同联合征收，以同时提高行政效率和征收率。加强与财政、统计、工商、劳动保障监察等部门的沟通协作，明确各自职责，形成协同配合的工作机制，增强征缴机构的实际征缴执行能力。

第三，建立人员保障和技术保障体系。要利用大数据建立分析和预警机制，人员和技术保障十分重要。相关部门和政府应制定相关的政策，培养和吸引相关人才，并且为其规划职业道路，使其愿意并且能够长久地从事相关的研究和工作。技术方面，一方面可以通过人才的引进来提高内部技术水平，另一方面也可以和高新技术企业或者高校进行合作，利用他们较为成熟的数据分析技术来帮助政府解决企业养老保险逃费问题，规范养老保险缴费机制。

参考文献：

[1]陈曦．养老保险降费率、基金收入与长期收支平衡[J]．中国人口科学，2017(3).

[2]景鹏，胡秋明．生育政策调整、退休年龄延迟与城镇职工基本养老保险最优缴费率[J]．财经研究，2016(42).

[3]吴丽萍，陈珊．企业社会保险参保行为及影响因素分析——以上市公司为例[J]．社会探索，2016(10).

[4]杨翠迎，程煜．理性看待社保征缴体制改革的政策效果[J]．社会保障研究，2019(1).

[5]杨翠迎，汪润泉，沈亦骏．政策费率与征缴水平：中国城镇职工社会保险缴费背离性分析[J]．公共行政评论，2018(3).

[6]杨翠迎，鲁於，汪润泉．社会保险费率的适度性、降费空间及统征统管——基于待遇与基金平衡视角[J]．税务研究，2019(6).

[7]张琴．延长退休年龄还是增加缴费基数：养老金改革的路径选择与政策效应[J]．经济理论与经济管理，2015(2).

[8]赵静，毛捷，张磊．社会保险缴费率、参保概率与缴费水平——对职工和企业逃避费行为的经验研究[J]．经济学(季刊)，2016(1).

[9]赵绍阳，杨豪．我国企业社会保险逃费现象的实证检验[J]．统计研究，2016(1).

[10]郑秉文．供给侧：降费对社会保险结构性改革的意义[J]．中国人口科学，2016(6).

保基本养老机构服务供给优化研究

——基于上海市的调查

杨翠迎　沈凯俊

摘　要： 机构养老服务是社会养老服务体系的重要组成部分，而养老基本公共服务又是机构养老服务的核心，其具有公益性、保基本性和兜底性。基于实地调研，本文认为对保基本养老机构实行限价管理会导致养老服务市场无法有效反映真实服务质量差异，并且由于对机构服务供给与统一需求评估全过程监督不到位，进一步恶化了机构服务供给与老年人真实需求的匹配度。此外，从入住老年人的满意度看，机构在膳食、医疗等基本服务供给方面的确存在严重不足。针对以上问题，本文建议，政府应该在打通全市保基本养老机构选择平台的基础上，完善机构服务供给监督机制，健全老年人统一需求评估体系及其实施机制，以缓解基本服务供给不足的问题；养老机构应该在膳食、医疗、心理咨询等多项服务上进行细节优化，提升老年人感知度和满意度，以解决服务质量不足的问题。除此之外，对郊区薄弱保基本养老机构的改造，本文建议重点整改膳食、医疗等基础设施及其服务。

关键词： 养老机构　保基本养老服务　服务供给　质量优化

保基本养老机构①有别于一般的养老机构，肩负着养老事业兜底性的重任。由于这类机构的公共属性，其提供的服务属于养老基本公共服务②。上海市目前根据享受对象、服务项目、服务水平三个维度框定养老基本公共服务。这类机构的享受对象必须达到特定等级才能申请入住，根据上海市政策规定，养老基本公共服务的享受对象是指本市户籍60周岁以上，经过老年照护统一需求评估、达到相应等级的老年人，以及符合本市优待优抚政策的老年人。例如，保基本养老床位的享受对象是统一需求评估中照护等级达到四级

本文为教育部哲学社会科学研究重大课题攻关项目“推动我国老龄事业和产业高质量发展研究”（批准号：18JZD045）及上海市民政局委托调研项目“机构养老基本公共服务供给与评价指标”的阶段性成果。本项目调研覆盖全市16个区，对33家保基本养老机构入住老年人以及194家机构管理者开展机构质量调研，本研究报告就是基于以上调研而形成的。

作者简介：杨翠迎，上海财经大学公共经济与管理学院教授、博士研究生导师，研究方向为公共经济政策学、社会保障；沈凯俊，上海财经大学公共经济与管理学院博士研究生，研究方向为老年学、社会保障。

① 保基本养老机构主要是指由公共财力建设或者由公共财力支持建设的属“公”或者姓“公”的机构。根据经营性质，可以将这类机构大致分为公办公营（简称“公办”）、公建民营、民建民营三种机构模式。

② 养老基本公共服务是按照国家有关精神和地方标准为符合住养条件的住养老年人提供满足最基本的生存、生活需要的养老服务及其与之紧密相关的医卫康护等服务。

及以上的老年人。①

为了保障入住老年人的生活品质，保基本养老机构服务供给优化需要一定的质量评价手段。目前关于该类机构的基本公共服务供给质量评价主要通过机构自查、第三方机构与政府的评级检查以及抽查三种方式。机构自查主要是指面向老年人和其家属开展服务满意度调查。评级检查主要是指政府通过购买方式，委托第三方专业机构进行打分的质量评价方式。抽查主要是指常规抽检、重点督察、实地督察、实地核查等辅助形式，时间不定期。

目前机构在养老服务体系中既是支撑也是补充。但是，有关机构服务优化的直接研究，尚不多见。从有限的学术文献看，有学者基于调研发现，公建民营供给模式存在较多问题。如方浩认为，公建民营机构虽然参与社会组织形式多样、承包期限较为灵活，但现阶段存在实践模式界定困难、定位不清、政府养老职能错位、服务对象不明确等问题；董红亚认为，公建民营机构存在服务目标偏离、经营与服务风险大等问题。除此以外，机构服务供给也存在许多共性问题。如崔树义、田杨通过对山东省养老机构的调研发现，机构存在床位数量高速增长但空床率高、无证经营制约发展、医养结合资源整合难等问题；温海红、马玉娟等对陕西省养老机构调研发现，护理人员培训、持证率、平均工资水平等与养老机构入住率正相关，建议加强护理人员培训，并健全人才激励机制；裴育、史梦昱发现，经济水平较高的地区空置率相对较高。也有学者对我国机构服务相关的政策进行了讨论，认为相关政策缺乏可操作性。如陈友华认为，虽然国家每年都出台大量鼓励养老服务发展的政策措施，但常常流于形式；陈雷也认为，政策过于宏观化，缺乏可供养老机构实际操作的细则，并且不同机构之间缺乏衔接。本文在综合和借鉴已有研究经验的基础上，以上海市保基本养老机构为研究对象，在对 194 家保基本养老机构管理者和 33 家保基本养老机构入住老人进行问卷调研的基础上，结合对部分区县民政、财政业务负责人进行座谈和访问，对照“地标”，参考“国标”②，对上海市保基本养老机构服务供给现状、存在的问题进行深度剖析。

一、上海市保基本养老机构服务供给状况

第一，从机构发展的数量来看，机构供给稳步上升，社会力量参与供给步伐加大。截止至 2018 年 5 月，上海市保基本养老机构有 349 家，占养老机构总数的 46.04%，相较于 2015 年 12 月保基本养老机构数量，增长了 50.43%。上海市养老机构质量等级评定工作从 2015 年开始试点，2016 年推广至全市。2015 年通过等级评定的养老机构共 73 家，其中三级 12 家、二级 34 家、一级 27 家，分别占比 5.17%、14.66%、11.64%。截止至 2018 年 5 月底，三级养老机构 31 家，占比 8.88%，二级养老机构 78 家，占比 22.06%，一级养老机构 101 家，占比 28.94%。不论从供给数量还是供给质量来看，机构供给相较于 2015 年末都

---

① 该标准详细请参见《关于规范本市保基本养老机构（床位）管理的通知》（沪民规〔2017〕11 号）。统一需求评估结果分为 6 级，参评老年人的综合情况越差，评估等级显示越高。

② “地标”是指 2013 年上海市质监局发布的《养老机构设施与服务要求》（DB31/T685-2013）；“国标”是指 2017 年国家质监局发布的《养老机构服务质量基本规范》（GB/T35796-2017）。

有了明显的提升。除此以外，从机构类型来看，公办占比57.59%，公建民营占比31.23%，民建民营占比11.17%。从床位数量来看，全市公办保基本床位数达到40 914张，占总保基本床位数量的66.35%(参见表1)。不论从民营机构数量还是床位数量占比来看，均少于50%，有悖于政策目标。[①] 因此，在未来一段时间，政策仍会鼓励社会力量参与保基本养老机构供给。

表1　　上海市保基本养老机构总体情况　　单位：%

	全市349家		观察样本194家	
	类　型	占比	类　型	占比
经营性质	公办	57.59	公办	52.58
	公建民营	31.23	公建民营	31.44
	民建民营	11.17	民建民营	15.98
机构评级	一级养老机构	28.94	一级养老机构	28.87
	二级养老机构	22.06	二级养老机构	26.80
	三级养老机构	8.88	三级养老机构	9.28
床位数量	公办保基本床位	66.35	公办保基本床位	64.42
	公建民营保基本床位	25.51	公建民营保基本床位	26.72
	民建民营保基本床位	8.14	民建民营保基本床位	8.86

第二，从床位数量及分布来看，中心城区床位紧张，公建民营模式床位空余率较高。调研发现，上海市保基本养老机构供给床位空余率与区域有较大关系，中心城区保基本床位空余率较低。远郊调研的37家机构中23家存在空余保基本床位，占比62.16%，总空余1 070张床位，每家远郊机构平均空余29张保基本床位(参见表2)；近郊调研的37家机构中18家存在空余保基本床位，占比48.65%，总空余920张床位，每家近郊机构平均空余25张保基本床位(参见表2)；中心城区调研的81家机构中34家存在空余保基本床位，占比41.98%，总空余883张床位，每家中心城区机构平均空余11张保基本床位(参见表2)。上海市保基本床位空余率与机构经营模式也存在较大关系，公建民营机构保基本床位空余率达到16.09%，并且平均轮候老年人数量远少于公办机构(参见表2)，间接反映出大多数老年人的机构偏好。

第三，从机构财务角度来看，机构运营艰难，其中民营机构经营状况相对较好。对样本机构的调查显示，有46.39%的机构运营部分亏损或严重亏损，有39.69%的机构运营基本持平，仅有11.11%的机构运营略有盈余。按照经营模式分类来看，公建民营模式中，略有盈余的机构占比较高，严重亏损的机构占比较低(参见表3)，可见社会力量参与运营能

① 《关于规范本市保基本养老机构(床位)管理的通知》(沪民规〔2017〕11号)强调原则上每个街道、镇至少有一家保基本养老机构，并且保证保基本养老床位数应不低于区域户籍老年人口的2%(其中政府运营的养老床位数不超过区域养老床位总数的50%)。

表 2　　样本机构床位供需情况

样本指标	区域	样本指标值	样本指标	经营性质	样本指标值
存在空余床位的机构占比(%)	远郊	62.16	保基本床位空余率(%)	公办	11.30
	近郊	48.65		公建民营	16.09
	中心城区	41.98		民建民营	7.99
机构平均床位空余数(张)	远郊	29	平均等待轮候人数(人)	公办	18
	近郊	25		公建民营	7
	中心城区	11		民建民营	14

在一定程度上改善机构的经营状况。进一步的调查显示,导致机构运营艰难的主要原因有物价上涨较快、人工成本较高、财政补贴不足、价格偏低等因素。相比较公办机构,公建民营和民建民营模式经营状况较好,最主要的原因是这类机构的人工成本相对较低(参见表 4),虽然这类机构的其余费用开支较高,但由于人工成本在整体运营费用中占比较高,辅之以较高且较灵活的入住收费,其经营状况相对较好。

表 3　　样本机构经营情况　　单位:%

类　型	物价上涨严重占比	人工成本上升占比	财政补贴不足占比	价格偏低占比
公办	36.27	56.86	14.71	41.18
公建民营	34.43	49.18	16.39	29.51
民建民营	25.81	29.03	12.90	19.35
类　型	略有盈余	基本持平	略有亏损	严重亏损
公办	8.00	42.00	35.00	15.00
公建民营	13.79	36.21	36.21	13.79
民建民营	16.13	48.39	35.48	0.00

表 4　　样本机构运营成本　　单位:元/(月×床位)

经营类型	维修费用	水电煤费用	日常采购费用	人工成本	其他费用	合　计
公办	112	145	133	1 766	225	2 381
公建民营	213	205	175	1 521	524	2 638
民建民营	245	197	240	1 530	1 089	3 301

第四,从房间类型来看,多数机构以双人间与三人间为主,基本符合入住老年人期望。调查显示,大部分保基本机构的房间类型以双人间和三人间为主。从老年人入住的房间类型来看,也基本符合老年人的期望。有配偶老年人中有 59.19%的老人住在双人间房型,这类老人中有 69.13%的老人认为双人间是其理想房间类型。孤身一人的老年人中分别有 26.24%和 44.39%的老人住在双人间与三人间房型中(参见表 5),这类老人认为理想的房间类型为双人间及三人间的占比分别为 35.45%和 37.13%。对照老年人入住的房间类型状况,目前基本满足了入住老年人期望。

表 5　　样本机构老年人对服务满意度的评价　　单位:%,分

经营性质	医疗	膳食	换洗衣物	文化娱乐	心理健康	服务价格	总体满意程度
公办	90.05 (4.26)	87.68 (4.24)	91.12 (4.27)	88.28 (4.29)	88.62 (4.24)	91.44 (4.32)	92.86 (6.35)
公建民营	83.30 (4.10)	75.43 (3.96)	84.35 (4.13)	79.16 (4.07)	80.48 (4.02)	81.35 (4.06)	85.50 (6.18)

注:总体满意程度为 7 分制,其余为 5 分制。

第五,从服务供给满意度来看,整体服务满意度较高,公建民营模式相对较低。根据对机构提供的诸多服务满意度的调查显示,老年人对机构提供的服务总体满意度较高,达到了 92.86%,对公办机构的满意度普遍高于公建民营机构(参见表 6)。满意度较低的后三位服务项目分别为膳食服务、服务价格和文化娱乐服务,满意度分别为 77.42%、81.08%和 81.59%(参见表 5),其中公办机构老年人满意度相比公建民营机构普遍更高(参见表 6),一方面可能由于老年人入住价格较低,心理预期较低,另一方面可能由于公建民营机构服务质量没有达到老年人心理预期。除此以外,调研发现老年人选择养老机构时最关注服务质量,其次才是离家距离和环境好坏。而等待床位轮候半年以上的老年人会更在乎机构的价格;超过一年以上的轮候老年人,对将要入住的养老机构各方面因素评价都较高。

表 6　　样本机构服务供给部分指标与满意度概况　　单位:%

样本指标	指标类型	占　比	样本指标	指标类型	占　比
已婚老年人现住房间	双人间	59.19	服务满意度前三位	洗浴服务	89.06
离婚、丧偶、未婚老年人现住房间	双人间	26.24		安保服务	88.73
	三人间	44.39		所住房间	85.76
体检	一年一次	79.92	服务满意度后三位	膳食服务	77.42
体温、血压	一天一次	12.09		服务价格	81.08
医务室	优先使用	72.07		文化娱乐	81.59
活动用房	电视室	85.57	选择理由	服务好	64.06
	棋牌室	43.90		距家近	58.33
	阅览室	43.39		环境好	58.33
	康复室	36.73		价格低	45.08
	心理咨询室	20.69		更安全	27.91

二、上海市保基本养老机构服务供给存在的问题

保基本机构服务供给的本质问题在于机构限价,价格主要反映城乡区域差异,无法有效反映机构间硬件与服务的真实差距。既然市场无法通过价格有效筛选服务质量,那么政府应该完善与供给相关的配套政策,保证机构的供给质量。然而,目前机构监督以及老

年人统一需求评估体系存在漏洞，进一步恶化了服务供给与老年人真实需求匹配程度。

（一）供给限价产生弊端

保基本养老机构供给的“兜底”属性要求政府必须限价，但是这种限价管理必然带来以下弊端：

第一，定价差别与质量差别不匹配，同一区域高质量机构势必引起老年人哄抢。定价主要与区域位置相关，虽然近郊部分机构硬件设施优于中心城区，但是中心城区收费价格普遍更高。而远郊不同乡镇硬件设施存在较大差距，但是收费价格却基本一致。由于同一区域定价差别小，服务供给质量相对较高的机构会有更多老年人长期排队。

第二，限价使本区户籍保护现象泛滥，阻碍政府推动跨区调剂。政府限价相应需要配套提供财政补贴，并且补贴机制往往与入住老年人户籍挂钩，导致本地机构供给的排外性。除此以外，中心城区老年人对郊区机构认知存在偏差，进一步降低了市区老年人跨区调剂的积极性。

（二）机构多项服务供给质量差强人意

除了限价产生的弊端，目前服务供给在以下方面需要改进：

第一，膳食服务老年人满意度仅为77.42%，亟待提升膳食服务质量。上海市“地标”① 规定一周食谱每日不重样，荤素搭配合理。目前荤素搭配以两荤一素为主，但少量机构采用一荤一素搭配方式，伙食条件需要改善。除此以外，膳食方面还反映出以下问题：

● 较少的保基本养老机构每周进行菜单公示。部分机构会进行菜单公示，但是没有给予老年人菜单选择权。

● 部分饭菜不符合老年人群体定位。部分养老机构为了提供丰富的菜色，忽略了部分老年人的忌讳。

● 城乡老年人饮食观念与习惯不一样。中心城区老年人偏爱少油、低热量的健康饮食，乡镇老年人偏爱高油、高热量的饮食。倘若机构床位进行跨区调剂，放开户籍保护政策，机构若要同时服务好城乡老年人，将是一项巨大的挑战。

● 提高膳食服务附带所需的资金无法解决。这笔资金要么来源于提高的伙食费，要么来源于政府的补贴。倘若提高伙食费，需安抚入住老年人的情绪。

第二，保基本养老机构医疗服务欠缺。目前保基本养老机构仅为老年人提供最基础的医疗服务，发生大病以及一些生理化验等专项服务仍需要去大医院，能够解决的医疗服务非常有限。即便是基础医疗服务，保基本养老机构服务质量也有所欠缺。除此以外，医疗服务还反映出以下问题：

● 体检频率为79.92%，虽然符合上海市“地标”规定的标准，但是老年人普遍反映体检往往是常规检查，缺少老年人专项检查。

● 测血压与量体温两项服务基本上所有机构均会提供，但是测血糖和测血脂服务提供的机构较少。目前大部分机构对量体温实行老年人需求制，测血压采用每周固定时间制，但没有测血糖和血脂的日常服务。一般“指尖血糖”测试成本不高，可以考虑推动机构日

① “地标”即上海市在2013年出台的《养老机构设施与服务要求》(DB31/T685-2013)。

常使用。

● 药品种类不齐全。医务室功能局限于特定服务是正确的选择，但是局限的几项服务如果不能做精做优，存在的意义就会变小。例如，老年人普遍反映所需药品配不齐全，仍需要托人去机构外采购。

● 医护人员不足。保基本养老机构医护团队一般仅限于一名退休返聘的医生和一至两名护士，医护人员十分紧缺。出现这个问题有以下三个原因：一是收入待遇低。养老机构的医护人员工资受到行业收入影响，远低于医院工资。二是行业人员认可度低，流动性较高。由于晋升空间小，具备行医资格的医师、专业护士和专业护理人员更愿意去普通医院。三是人手紧缺，劳动强度大。医生和护士互相顶岗，医生也必须做许多基础性医疗服务，比如量体温、测血压、配药、分药等工作，导致医护人员超负荷工作。四是面对高危人群，职业风险大。调研随机抽样人群平均年龄达到 85 岁，并且机构医生技术又比不上大医院的专科医生，承担的风险远高于普通从业医生。

第三，目前相关的机构标准中均未清楚定义文化娱乐活动。"国标"[①]规定文化娱乐活动一日至少开展一项以上，调研得到文化娱乐活动每日开展合规率为 63.10%。机构和老年人对于文化娱乐活动的理解有较大偏差，导致第三方机构验收文化娱乐活动达标情况存在较大误差。

第四，"国标"涉及心理慰藉服务，但是上海市"地标"并未涉及相关服务。调研发现，机构对老年人的心理健康不够重视，主要表现在以下三个方面：

● 大多数养老机构并未开设心理咨询服务。一是由于部分养老机构没有心理咨询室，二是由于部分心理咨询室在开设后没有专业的心理咨询从业者，处于闲置状态。

● 大多数养老机构选择以护工与老年人日常聊天形式替代心理咨询，侧面反映出机构不重视心理咨询服务。老年人反映日常护工不会主动聊天，在必要的时候需要心理咨询服务。

● 老年人反映听不懂心理健康讲座。其中约 68.11%老年人能不定期享受心理健康讲座服务，但是这部分接受心理健康讲座服务的老年人中仅有 46.83%的老年人认为心理健康讲座服务有必要，这说明讲座实际效果不理想。

第五，洗浴、洗衣等服务不达标。根据调研情况，95.02%的老年人认为冲澡服务方便，除了部分养老机构规定一周两次的淋浴，大多数养老机构洗浴服务是到位的。除此以外，洗衣、洗浴等服务仍存在以下问题：

● 大多数机构已经提供了每天洗浴的条件，但是多数机构仍旧是公共浴室，室内浴室形同摆设。上海市"地标"规定洗浴服务夏季至少每天一次，冬季至少每周一次。

● 护工有时将衣服洗坏，机构也没有相应赔偿，导致部分老年人不愿享受洗衣服务。虽然保基本养老机构每日能享受到洗衣服务的老年人占比高达 87.70%，但部分老年人对养老机构提供的洗衣服务不满意。部分养老机构洗衣机陈旧或衣服分类不到位，并且洗衣服务没有一套完整的验收标准和赔付机制。

---

① "国标"即《养老机构服务质量基本规范》(GB/T 35796-2017)。

● 清洁卫生服务也存在很大问题。夏季室内有较多小黑虫，没有定期消毒。部分老年人房间离厨房较近，在夏季弥漫着恶臭味道。

第六，房间与床位设施不合规范。硬件设施在“地标”中有明确规定，但现实中存在以下几个普遍存在的问题：

● 养老机构房间大小没有达到标准。例如，单床使用面积不小于 5 平方米，单人间卧室不小于 10 平方米，双人间卧室不小于 14 平方米。调研情况是养老机构基本不设置单人间，而且部分养老机构单人间与双人间房间面积没有达到标准。

● 养老机构卧室门宽度没有达到标准。“地标”规定卧室门宽度至少达到 1 米，目前新建的养老机构基本符合标准，但是建造时间较长的养老机构在硬件上较难达到标准，包括卧室门宽度、主要出入口宽度（要求至少 1.2 米）、电梯配备情况（三层楼及以上须配备）等。

● 部分养老机构只设置了一至两种房间类型。例如，90%以上是三人间，或者所有房间均是四人间。调研结果显示，老年夫妻更有意向住双人间，孤身一人的老年人更有意向住双人间与三人间。

● 郊区保基本养老机构房间空置现象更严重。市中心保基本养老机构空置的主要原因在于新建投入运营以及政策性留置空余床位。而部分郊区养老机构空余的主要原因在于郊区老年人的观念比较落后，不愿意入住养老机构。

● 养老机构三人间、四人间只有一个人或者两个人住，造成部分郊区养老机构床位空余较多的假象。这些老年人因为郊区的养老机构便宜，选择三人间、四人间一个人住或者夫妻双方一块儿住，支付三人间或者四人间的费用。如果届时推进保基本床位的跨区调剂，这部分床位如何协调，如何劝导已入住老年人并腾出相应床位，也是必须面对的难题。

（三）保基本养老机构服务供给的监督不到位

监督作为机构服务供给的配套体系之一，存在以下三个问题：

第一，缺乏对护工的日常监督。远郊调研的时候发现周末护工人手短缺，老年人在这段时间安全隐患增加。公建民营机构的护工往往更追求效率、提供老年人个性化服务意识薄弱，这种现象更为明显。

第二，缺乏有效手段监督机构内部评估流程。在实地调研中，老年人和家属对于满意度调查不愿说、不敢说、不能说，老年人填写问卷时机构基本采用人盯人的策略，对于机构每月每季度所做的评测，其真实性令人怀疑，后续的公示更加流于形式。测评交由老年人独立填写不现实，让工作人员辅助填写则缺乏行为人的客观性，选择让家属测评相比较前两者有着优势，但是非当事人又无法准确反映日常感受。无法了解机构真实情况的根本原因是管理者自身利益与机构考评直接挂钩，从而产生隐藏事实的动机，夸大满意度与服务质量。

第三，机构外评滋生形式主义，仅为了应付上级检查。保基本养老机构的老年人中多数相比普通养老机构的老年人更贫穷，身体条件更差，文化程度更低。远郊老年人小学及以下学历的高达 79.72%，老年人对于阅览室的需求度不高。而部分机构兴建的康复室，使用医院淘汰下来的器材，破烂不堪，并且护理员不会操作，老年人无法使用。因此，这类活动室常常闲置浪费，仅为了应付检查。

（四）老年人入住等级评估不准确

作为机构服务供给的配套体系之一，老年人统一需求评估等级如果没有真实反映需求，那么政府提供的补贴就会错位，机构提供的服务也会不匹配。调研发现这是困扰机构的通病，无论是公办机构还是公建民营机构，入住老年人实际状况与统一需求评估等级存在较大出入。主要问题体现在以下四个方面：

第一，现有评估量表存在较强的主观因素。评估量表大多是通过询问老年人进行打分填写的，老年人的认知能力和情绪行为部分具有较强的主观因素，加之老年人的身体健康变化大，评估结果可能与老年人真实需求匹配程度较低。

第二，统一需求评估流程需要改进。社区医生作为评估员与老年人直接交流，但是最终由第三方机构的专家团队确定等级，因而很难准确定义老年人的真实等级。保基本养老机构最终是根据评估报告，“被迫”提供相应服务。除此以外，目前上海市很难找到完全达到要求的第三方评估机构。各区所委托的第三方评估机构多数属于非专业领域机构，而且评估员基本上是卫计委管辖下的医护人员，评估方与监督方同体。再加之评估费用低，难以对第三方评估机构形成有效激励。目前评估员分 A 级和 B 级两种类型，A 类评估员的到手评估费大约在 50 元左右，B 类则在 70～80 元左右。该类收入难以形成激励，并且由于医护人员实行封顶绩效工资，导致很多评估员不愿意接手评估工作。

第三，保基本养老机构设置准入门槛，老年人有动机骗取较高的评估等级。部分老年人在评估的时候装病、不配合回答，最后骗取评估等级达到 4 级以上，从而进入保基本养老机构。

第四，评级效率太低，调研反馈评级时间耗时长。一是养老机构的医养护服务、非养老机构的居家养老服务等均需要通过评级才能享受，评估人口基数大；二是后续不断有进入等待评估的老年人。

（五）薄弱保基本养老机构改造困难重重

服务供给城乡差异显著，郊区薄弱保基本养老机构服务供给优化存在阻力。根据调研情况，城乡机构硬件设施差距较大，郊区薄弱养老机构改造势在必行。然而，目前优化薄弱保基本养老机构服务供给存在以下两个问题：

第一，郊区薄弱机构建造活动室使用率极低。一是由于机构建造初衷为了应对上级检查，使用的器械年久失修；二是由于入住机构的老年人文化素质较差，不会使用部分设备，例如，在崇明、金山、青浦、奉贤、松江这五个远郊区，老年人小学及以下学历高达 79.72%。当老年人识字率处于较低水平，阅览室闲置可能性增大。

第二，部分入住老年人因为怕涨价，不支持薄弱机构改造。例如，远郊各乡镇的公办敬老院设施条件虽然差，所住老年人满意度却很高。这部分老年人多为弱势群体，收入集中在两档，少则平均 960 元的五保户收入，多则平均 1 450 元的农保收入。他们居家养老可能无依无靠，而在机构却可以享受到基本服务，足以满足心理预期。老年人期间反映过伙食不好，例如仅仅一荤一素，菜肴味道不佳。但是 300 元每月的伙食费，平摊下来一天仅 10 元钱。对于部分有膳食诉求的老年人，只提高 200 元每月的伙食费，也会因为收入客观原因导致入住老年人的满意度下降。本身郊区公办养老机构十分廉价，一个月仅为1 500元左右，伙食费的波动对于仅依靠固定养老金的老年人来说是一笔沉重的负担。

三、优化上海市保基本养老机构服务供给的政策建议

机构限价产生的弊端短时间无法根治，但是机构可以相应提高服务质量以及规范配套体系，从而优化服务供给。

（一）打通上海市保基本养老机构选择通道

为了在上海市层面统筹各家保基本养老机构养老基本服务供给，缓解部分市场扭曲，可以通过打通上海市机构选择渠道，给予资源合理配置，具体可以改进以下两个方面：

第一，建立上海市保基本养老机构统一轮候系统，依附于现有长护险系统。可以将保基本养老机构作为长护险服务的选项，依据统一需求评估等级与户籍情况开放对应可选择的保基本养老机构名单。这份名单应包括保基本养老机构基本信息尤其是价格，避免市区老年人对郊区养老机构价格有误解。在长护险未全面推广之前，尽快完成长护险、居家、机构为一体的平台构建，并且及时更新数据。

第二，尽快完善、统一1—6级护理等级服务细则，并在系统中公示。目前老年人缺乏选择服务权，可以考虑给予老年人在统一需求评估等级范围内的服务自由选择权。

（二）机构服务对应质量改进建议

第一，改进膳食服务。强制保基本养老机构菜单公示，并接受老年人及家属监督。其中改进膳食服务原则上不应提价，非薄弱的保基本养老机构可以适当提价。除此以外，可以改进以下三个方面：

● 膳食设计应更为合理，征询本机构老年人建议。机构也可组织食堂工作人员与老年人代表交流，以便及时改进膳食。

● 改进膳食需统一菜谱，每周更新菜单。同样的材料可以换不同的做法，选择更为营养的方式。

● 根据各自机构情况，尽量照顾外区老年人与机构高龄老年人需求。膳食种类、口感尤其需要照顾不方便咀嚼的高龄老年人。各个机构可以根据自身老年人的情况，提供合适的菜单，并接受机构老年人监督。

第二，做精医疗服务，提高医护人员待遇。可以改进以下四个方面：

● 医疗室功能需做精不做全，并加快医保系统对接和电子设备缴款。医疗室尤其需要将配药、量血压等基础医疗服务做好，其中药品配备征询可以询问机构老年人习惯，每周代为购买。

● 加入定期血糖测量。机构继续规范提供血压、体温的测量，并提供指尖血糖测量。

● 提高医护人员待遇，并打通晋升通道。一方面，让医护人员可以享受工作之外的绩效收入，奖励优质服务；另一方面，打通医护人员职业晋升通道，规范薪酬增长机制，吸引有志于从事养老服务行业的年轻人。

● 安排实习医生交接班进驻养老机构坐诊，缓解医护人员缺乏的局面。一方面，可以联合重点高校，指定部分医学生实习；另一方面，可以选调引进普通高校医学生，作为机构

储备医生培养。除此以外，可以实行为这些人才免费再培训、考证报销等一系列鼓励政策。

第三，规范老年文化娱乐活动。在文化娱乐方面，“地标”无需定义何为文化娱乐活动，但需规定每家机构必须制定每周兴趣小组活动表，将每天任意时段可以提供的集体活动进行公示。而第三方监督机构可以通过公示表与实际组织活动相对比，检查文化娱乐活动提供的规范性。

第四，循序渐进地开展心理健康服务。可以改进以下两个方面：

● 心理咨询服务是日常所有服务的综合，不是单纯在老年人心理出现问题时提供的服务。因此，薄弱养老机构在没有完善基础服务的情况下，不建议优先设立心理咨询室。

● 心理咨询服务可以作为高评级保基本养老机构的特色服务，体现高端性。例如，在保基本养老机构评级达到三级时，需强制提供心理咨询服务。

第五，完善洗浴清洁等服务。可以改进以下四个方面：

● 规范洗衣流程。高评级养老机构应每层楼配备一至两台洗衣机，护工定期帮助老年人洗衣服。

● 洗浴次数尊重老年人的决定，标准设置应该分类。“地标”规定夏天每天可以洗浴，冬天每周可以洗浴。对于可以自主洗浴的老年人，养老机构只要保证其每天都能够享受洗澡服务；对于不能自主洗浴的老年人，可以参照“地标”保证夏天每天可以淋浴、擦浴，冬天则每周可以淋浴、擦浴。

● 三层及以上养老机构应配备电梯，高评级养老机构需配备空调。其中开启空调的温度应统一标准，由于高龄老年人身体条件较差，建议30℃以上就应该开启空调。

● 提供老年人试入住活动。收取价格按天计算，试入住活动不应该按月结算。

第六，新建机构应从严把关，多设双人间与三人间。可以改进以下两个方面：

● 保基本养老机构房间大小、规范程度在新建的机构中要严格把关，质量要从严验收。许多保基本养老机构因为建造时间较长，硬件设施达不到标准，在养老机构评级时应该设计两套标准。对于2013年以前建造的养老机构重新设定打分评级准入门槛A表，其他的养老机构依据B表打分评级，新建的养老机构硬件设施必须达到标准。

● 保基本养老机构普通间多设置双人间与三人间。养老机构也可以根据机构情况设置少量单人间。

（三）完善监督体系

政府在打通全市系统的基础上，也需要完善养老机构监督体系。对护工的日常监督需要加大奖惩力度，完善第三方机构评估流程。

第一，完善内部奖惩机制，以奖为主。养老机构从业人员具有特殊性，以扣除工资作为惩处方式不合适，可以实行优秀护工分级奖励机制，针对其服务质量“以奖代补”。奖励要频繁，可以每月进行，但奖金每次不宜过多。

第二，保基本养老机构内部评估必须由第三方来实施。现在养老机构内部通过每个月对老年人与家属进行满意度调查实施评估，但是内部满意度调查更像是流水性作业。第三方机构可以通过网上匿名问卷形式采集分析数据，作为后续养老机构评级的参考数据。

第三，对养老机构评级应加大管理标准、服务标准的权重。将服务标准提高到400分，将管理标准提高到250分，将设施标准降低至100分。评级时应考虑养老机构建造年份，即在“地标”之前建造还是之后建造，不能过于偏重机构硬件设施而忽视机构的管理服务。

第四，对保基本养老机构随时开展“回头看”活动。一是政府随机抽查，对于满意度抽查直接联系家属，匿名了解情况。二是各区民政需要督察，在不同时间随机抽查养老机构，保证各个时间段都要符合地方和国家服务标准。

(四)完善老年人统一需求评估体系

为了保证保基本养老机构能做到精准供给，对老年人的前期评估必须真实可靠。

第一，区别对待等待评估的老年人。部分已入住机构的老年人重新评级应多参考机构护理员的意见。对于等待入住的老年人，社区医生作为评估员应该参与老年人最后的等级评定，或者社区医生需在记录单上特别注明参考等级，目的是协助专家评级。评估时加入附注记录作为重点参考信息，例如，老年人腿脚都很方便。虽然不排除存在未知疾病，但是评估医生有义务注明该老年人适合的等级，将明显不合适的等级去除。

第二，老年人评估等级应该进入征信系统，保证老年人健康评级实事求是。应尽快建立个人征信系统，其中将老年人信用与其养老服务收费和所获得的补贴相挂钩。

(五)郊区薄弱养老机构扶持优先抓住重点服务

改善机构服务供给，优先整改薄弱机构。本市对郊区薄弱的保基本养老机构进行扶持一定要有针对性，了解这些老年人真正的需求，不能盲目地追求指标。薄弱机构内部可以尝试整改膳食、医疗等基础服务。

第一，优先解决薄弱养老机构的膳食和医疗问题。根据调研情况，膳食服务以及医疗服务是老年人满意度较低的几项服务。一轮的重心应该放在伙食以及医疗上，从基本物质先解决老年人的需求。

第二，薄弱养老机构的活动室建设应有所选择。郊区养老机构的老年人识字率较低，建设阅览室效果不好，康复室使用、维护也不能真正起到作用，建议建造大型的综合活动室，平时定时有一些活动，这种形式对于郊区薄弱养老机构更为实用。

第三，公办机构改革要分对象。普通公办机构向公建民营改革的过程中，政府财政补贴不能进行完全弥补式的补贴，要做到“以奖代补”。但是“以奖代补”不能只针对机构，也要针对员工，在市层面用以奖代惩的方式奖励公建民营机构一定百分比的员工，公办机构在内部也可以用此方法奖励员工。对于机构内基本为特困老年人的薄弱养老机构，原则上公办机构能更好地保证这些弱势老年人得到个性化服务。因此，建议薄弱养老机构仍由政府主导运营，来做兜底工作。这类保基本机构如果从公办转变成公建民营，运营成本上升意味着涨价，职工多劳多得形式意味着护工对每个老年人的关心会下降，这类极为弱势的老年群体将很难保证自身利益。

参考文献：

[1]桂世勋．应对老龄化的养老服务政策需要理性思考[J]．华东师范大学学报(哲学社会科学版)，

2017,49(4):78－84＋163.

[2]方浩．养老机构公建民营:现状、特征及问题[J]. 经济与管理研究,2016,37(5):90－97.

[3]董红亚．养老机构公建民营:发展、问题及规制[J]. 中州学刊,2016(5):71－76.

[4]崔树义,田杨．养老机构发展“瓶颈”及其破解——基于山东省 45 家养老机的调查[J]. 中国人口科学,2017(2):115－125＋128.

[5]温海红,马玉娟,王怡欢,张蓉．人力资本视角下养老机构老人入住率及其影响因素分析——以陕西省为例[J]. 社会保障研究,2018(2):21－29.

[6]裴育,史梦昱．地区公共养老服务资源利用率影响因素分析——以苏南地区为例[J]. 江苏社会科学,2018(1):50－57.

[7]陈友华,艾波,苗国．养老机构发展:问题与反思[J]. 河海大学学报(哲学社会科学版),2016,18(6):75－79＋93＋96.

[8]陈雷．民办养老机构优惠扶持政策实施评估研究——基于公平性与有效性视角[J]. 云南大学学报(社会科学版),2016,15(1):64－71＋112.

构建"租购并举"共有产权福利房制度的探讨

——创新福利安居机制 构建新型产权制度

朱志敏

摘　要： 房地产市场经常性呈现异常波动并陷入难以管控的迷局，政府力图压制需求，以控制房价和缓解炒作，但行政过度干预市场运行，导致政府失灵和市场失灵，从而影响房市稳健运行与发展。房市扭曲的根源之一是没有解决好居民基本保障性需求，本文认为，解决普惠安居问题，构建顶层设计和长效机制的关键是：向中低收入者提供福利房票，让其自主购置所需共有产权住房，充分保障公民基本居住权，形成"租购并举"双轨安居新模式，并创建变换产权便捷、公私产权共存的新型房产产权制度。实施福利房票制，强化基本住房保障，实现普惠安居，压降房产炒作需求和打击炒作行为，达成房住不炒的目标；实施租购并举机制，引领产权变革，清晰界定政府管制与市场机制边界，有利于充分发挥市场调节机制，促进房产资源的合理配置和房市良性运行。

关键词： 房地产　共有产权　租购并举　双轨安居机制

一、引　言

房地产市场波动常陷入难以调控的迷局，一直困扰着经济社会的稳健运行。房市频繁受到政策性调控，一方面，调控措施不精准反而误伤一些正常需求；另一方面，调控时松时紧但又经常性失效，随后又迎来房价新一轮反弹，房市管控缺乏长效机制，削弱了政府政策的公信力、权威性。房地产管控政策难点如何破解，值得探讨。

二、相关研究文献评述

针对房地产调控政策，易斌认为，相对于住房需求抑制，土地供给调节是更优的调控政策，土地供给不足造成房价高企，增加土地供给能够有效抑制房价上涨。凌维慈认为，直接限制价格是对市场交易机制的扭曲，会严重破坏市场主体交易的意愿和预期；需重视建立稳定的规制框架以及提高可负担性住房权利的地位。赵永升、黄燕芬认为，房市宏观调控缺乏长效机制，限购限贷政策时松时紧，只注重短期调控效应，又缺乏市场本身的独

作者简介：朱志敏，公共管理硕士，经济师。研究方向为普惠金融、房地产。现任职于中国银行绍兴高新开发区支行。

立性和稳定性，过多地在需求端调控，很少对供给端结构性调控改变，尤其是住房租赁体系不健全。周文文、刘超、李佼认为，租售同权及贷款利率对房价具有长期稳定的影响，调整家庭购买资格与数据，对构建房市发展长效机制有重要意义。彭超群和瞿富强指出，目前保障房多轨运行模式效率低下、可操作性差、管理成本巨大，只建议产权式保障房并轨为共有产权保障房运行，同时保障对象也需并轨，但没有提出具体运行模式。陈敏提议，用政府财政资金收购库存商品房，解决低收入人群的居住问题，实现商品房与保障住房的有效衔接。曾亚萍、吴翔华、聂珂波指出，经济适用房退出机制应当特别关注资源获利的退出(真实的社会福利和收益权利的退出)，在共有产权制度下构建的退出机制解决了经济适用房上市增值收益分配，具有巨大优越性。韦海民、王浩指出，共有产权房退出定价不合理将使政府保障资金变成住户的财产性收入，导致国家保障资源的浪费和流失，须健全退出模式。李海涛、张小富认为，共有产权房实际上是政府与百姓“合伙”共同拥有住房产权，需坚持市场化运作。周君洪、黎安聪、张露云、袁鑫、申琼提出，共有产权房宜实施土地年租制的思路。吕萍、藏波、陈泓冰认为，“共有产权”保障性住房实际就是一种不完全契约组织形式，契约两头分别为普通居民家庭和地方政府，这样的契约形式有别于企业内部委托人和代理人的契约，共有产权性质的契约目的是以部分产权的形式减少住房困难家庭在购房前期一次性较大量的资金投入，且契约双方不存在明显的委托、代理关系，购房家庭可以在家庭支付能力增加的情况下逐渐购回余下产权，即获得所有剩余控制权，而这些交易都是由契约来约束实现的；与经济适用房“缔约权”供给不足以及公租房缺乏产权激励相比，共有产权是一种重要的创新性的契约安排。李哲、李梦娜认为，共有产权住房解决了传统产权式住房保障缺位和租赁式住房保障忽视住房所有权对财富积累的问题，在租赁式保障和完全产权式保障之间建立起一个互通的通道，不仅满足大多数中低收入家庭的住房居住权，而且使其拥有住房产权的途径。马辉民、刘潇认为，共有产权房完善住房保障和供应体系，不仅扩大保障对象的覆盖范围，又可缓解融资困境，更有利于住房后期的管理工作。

笔者认为，房市异常波动，既存在市场机制失灵问题，也存在政府调控失灵问题。本文就深化房地产市场改革、强化公共保障的前提下开展顶层设计，提出制度性重建与创新——构建新型“租购并举”共有产权福利保障房制度：落实居住权福利保障化、促进房产权配置市场化的双轨并行运行机制，进一步清晰界定政府管制和市场运行机制的边界，破解房市调控迷局，实现房住不炒的长效愿景。

三、房产调控失效迷局剖析

本文认为，调控失效的主要原因在于政府行政干预过多，只注重房价压制与需求管控；但政府自身的公共职责存有缺失，缺乏对中低收入者群体的基本安居提供公平的保障，既导致房市难以承受过多压力，又造成房市发育不健全，也就是面临政府公共保障职责不到位和市场机制难以发挥两大弱点，房市管控及市场运营机制亟待纠正。

(一)影响房价上涨的主要因素

1. 货币现象

近十年货币量超发①，资金趋利冲动引发脱实向虚，房地产投资保值、增值的金融属性凸显，房产投资尤其受到趋利资金的青睐，导致跟风、炒作的推波助澜。

2. 地价上涨

在土地使用权竞价拍卖制度、土地垄断单一化供给制下，地价越拍越高，地方政府对土地财政存有过度依赖性②，“面粉”涨价引起“面包”涨价。

3. 城市化进程

每年农业转移人口达千万人，城镇户籍人口比率将提升至70%以上，城市化率③不断提高，促进城市住房需求增旺。

4. 改善居住条件及多样化需求

随着人们生活水平的提高，部分家庭有住房改善需求，再加上近年棚户区改造工程，去库存和改善性需求影响房产市场供需求关系；并且还受个性化、阶段性需求影响，如购置学区房、迁移重置、便利养老、二胎人口等方面的需求。此外，随着公共设施配套与改善，推高了二手房附加值。因此，房价主要由货币、投资、地价、人口城市化、个性化需求所驱动。多种房产需求汇集，新房销售价及二手房价水涨船高，难以满足中低收入群体意愿，期望政府出台干预政策与改善调控措施。

(二)调控政策失效剖析

房市调控政策围绕抑制房价快速上涨，突出“打击投机、保障刚需”，力图通过压制需求达到缓解炒作和控制房价，却无法针对上述涨价因素采取新措施突破“瓶颈”问题，属于事后调节，难以适应市场行情，其实际效果只是暂时性的，压制过后需求和价格又出现报复性反弹，从而陷入“越调控房价越上涨”的怪圈，造成社会中的“夹心层”依旧普遍“买不起”住房。此外，调控政策还频繁转向，房企与居民对政策的长期性和稳定性普遍存有质疑，进一步强化房价只涨不跌的单边预期，抵消调控效果，加剧投机效应。

1. 调控理念落后

房市调控习惯于采取行政性、短期性、碎片化的措施，不尊重财产权，不尊重需求多样性，习惯行政“一刀切”的干预④，缺少稳定性、长周期、法治化的措施，缺乏经济逻辑、经济理性，即计划经济思维的惯性、权利观念的缺失、治理能力的滞后。

2. 目标难点游离

控房价不能成为目标，安居才是终极目标。难点问题在于一部分人支付能力有限，无力购置商品房，即便是低价也无力购买。中低收入群体安居责任在于政府兜底，落实公共保障性住房应是政府不可推卸的职责，但政府自身职责不到位，却将难题推给了市场，调控只能达到缓和性的短期效果，大部分刚需最终还是无法在市场中解决，反而使供需矛盾

---

① 2007年M2为40.34万亿元，2019年6月为192.14万亿元，约增长4.76倍。

② 2017年土地出让金收入为52 059亿元，同比增长40.7%；2018年土地出让金收入已达65 096亿元，同比增长25%。

③ 2010年城市常住人口比率约为49.9%，2018年为59.58%，每年约上升1个百分点。与发达国家的城市化率75%以上相比，尚有较大的提升空间。

④ 调控精准度不够，出现了较多的副作用，致使正常需求误伤，部分人员的生活突然遭受较为不利的影响，如造成“卖小换大”一脚踏空等情形。

长期积压和加剧。因此，保障基本居住权才是宏观调控的宗旨，施政要点是解决好住有所居，不在价格管制。

3. 政策措施跨界

政府推卸自身职责的同时还出台了一些逆市场①的调控措施，片面性过度干预市场，严重地干扰了房市正常运行。房价主要是受宽松的货币政策和依赖土地拍卖的地方财政两大因素推高的，此两方面根源在于政府自身，在土地制度不改革与货币政策不转变的情形下，房价上涨趋势难改，向自身开刀既不情愿又有较大难度；行政性压制住房需求只能形成短期性效果，房价管制措施无法长期生效，易出现价格背离向价值回归的报复性反弹。

4. 保障效果微弱

当前的多渠道提供的保障房乱象丛生，保障方式不妥，力度不足，激励失当，分配不公，套利寻租，而且效率低下。保障措施须公平公正、经济有效，政府出台多种保障房政策，管了许多管不好的事，如受益对象、保障方式、房源购建、区位地段、土地性质、住户匹配、户型结构、定价机制、资产增值、产权属性、回购措施、流转退出、动态监管等问题复杂、弊端众多、费力无效，难以针对所有住房困难人员公平地解决问题，难以满足困难人员多样化需求及适应动态性需求，难以解决运行过程中的利益博弈、低效率及腐败寻租问题。

本文认为，住房政策性保障不到位，引发了供需错配矛盾，在此情形下，房价调控加剧了房市的调控难度。一方面，中低收入人群不恰当地被挤入竞争性市场，市场难以托盘；另一方面，逆政策博弈加剧追涨杀跌，导致真正的购房者在房价低点时迷茫观望而在高点时恐慌抢购的局面，购房者期待政府打压房价至最低点才出手，而炒房者哄抬价格测试政府的管控压力及钻政策漏洞参与炒作，再加上出现调控政策执行②与效果时滞、效果叠加等行政调控失灵，又致使市场机制加大失效、失灵。此外，我国房地产市场本身受到政府的高度管控，在规划、土地拍卖、税收、房贷等各环节都深度地介入，但房价依旧脱缰，市场扭曲加剧，这进一步表明行政干预不是万能的，尤其是片面性过度干预不利于市场机制发挥作用。因此，以往的调控措施均不是治本之策，寻求长效机制应在于政府自身的责任到位，无需过多地干预市场，应当敬畏市场，尊重市场经济规律，即寻求房市中“政府有效、市场有为”均衡性的良方。

四、优化调控政策

住房的需求遵循这样一条路线：满足基本需求—改善居住质量—拥有自己的住房。住房是一种准公共产品，不仅是商品，而且是居民赖以生存的生活必需品，确保全体居民的基本住房水平是政府的重要职责——住房保障是公民的基本人权。房市调控政策应重点解决好中低收入群体和住房困难家庭的基本居住权，不能只紧盯价格问题，而要关注弱势群体保障性问题，即优化调控政策的核心是构建新型普惠安居住房保障制度。

---

① 以“限购、限贷、限价、限售”为主导的严格房市调控措施。

② 黄燕芬、张超认为，中央与地方不一致行动，地方采取拖延或选择性执行。

(一)保障房制度尚存的缺陷问题

当前“多渠道”的保障房乱象丛生,产权不清晰、土地属性差别、供需匹配矛盾、流转限制、寻租套利、管理环节众多、不适应个性需求、受益不均等,保障对象混乱与隔离,保障方式割裂且力度不足,而且效率低下,无法形成统筹的基础性、规范性保障标准,运行中的规范性、公平性、效率性存疑,即政策性保障制度缺陷明显。

(二)房地产市场的过度拥挤问题

保障房除了制度缺陷存有问题之外,实际供应量也不足,难以满足中低收入群体的住房需求,再加上中国人受传统观念影响,偏好拥有自有房产,于是都将目标投向商品房市场,导致商品房市场涌入一批购买力薄弱的人群。当政府无法解决且市场又难以满足中低收入人群的需求,该“夹心层”群体必定是房市调控中呼声最高的,政府需回应公众打压房价,从而进一步引发市场价格机制失灵的现象,治理不了过度拥挤的市场需求——治标不治本。

(三)租赁市场短板问题

我国住房租赁市场不健全,如购房观念偏好①、租金收益率偏低导致租赁市场供给不足、资本不当介入长租公寓扰乱市场秩序等问题,需政策性支持公共性廉租房,有效增加公共租赁房供给量,大力促进公共租赁市场的发展,以利于构建集约化、专业化、标准化的住房租赁服务和完善住房租赁体系建设。

(四)畸形房市危机问题

房市在投产与销售两端存在非市场化矛盾,房价经常性脱离市场基准。一方面,政府垄断性供地,以指导限价销售;另一方面,房产商竞争性购地,销售定价受干扰。又由于政府调控政策频繁、叠加、时滞等效应,以及市场中的羊群效应等因素相互交织,保障性、刚性、改善性、投资性、投机性需求等不同人群基本往同一个通道上挤压,导致房地产市场失灵和政府调控失灵——房市畸形化。

综上分析,本文认为优化房地产调控政策的重点是保障中低收入人群的基本居住权,实现全民普惠安居工程。一方面,建立公平的福利性保障,“居住权”有政策性住宅制度安排托底,以基本福利方式切实解决“买不起”“租不起”和“租不到”的问题,保障中低收入群体的安居;另一方面,房地产市场运行减少行政干预,“房产权”由市场之手配置,住房需求超基准的人群根据家庭财务状况进行改善。这也就是双轨制并行模式:基本安居政策性安排起到风险隔离墙的作用,绝大部分刚需由福利性保障政策兜底解决;其他的改善性、投资性与投机性需求由市场来承接,各个家庭根据自身状况②配置房产。此种模式下的房价涨跌波动、房产炒作风险将对社会稳定不构成重大影响。因此,需进一步清晰界定政府管制和市场运行机制的边界,保障公民基本居住权是解决问题的核心结点,也就是需在强化公共保障与优化市场配置的前提下开展住房新体制顶层设计,构建房住不炒长效机制。

---

① 一是由于传统购房传承情节观念影响,二是由于近20年来房价一直呈现上涨态势。

② 考虑家庭成员的工作、生活、学习情况及家庭财务等方面,购置大户型面积的住房或多套住房。

五、新型房产产权制度构建

在现有的相关制度环境下[①]，清晰界定房市中政府管制职责和市场运行机制的边界至关重要：保障居民基本居住权，调控让位于市场自身调节。本文提出安居保障与市场配置双轨制并行解决方案：推行福利房票制，放开市场管制，构建“租购并举”共有产权的新型普惠安居模式。

福利房票制是政府与满足一定条件的购房者[②]通过共同出资购买住房并按出资额享有一定份额的产权，减轻购房者单方一次性购买的经济压力。该方案构建新型的租购并举的共有产权房制度，是一种产权变换便捷、公私产权共存、租购并举的福利保障与市场配置双轨化住房新模式。期望通过福利房票架通保障与市场之间的桥梁，以“公助”＋“自助”模式实现统一市场由价格机制配置。政府由提供保障房的“无限责任”转为提供一定赞助额度的“有限责任”，适度减轻困难群体的经济压力；困难群体再结合家庭自身经济状况自行出资，实现购置共有产权房和改善居住条件的安居目标。

（一）福利房票制

符合条件的公民均享有福利房保障，可享有一定基准面积[③]（如 30 平方米）的福利房，由政府发放一定额度的福利房票，一对年轻夫妇将合持两份配额，按当地上年度的商品房市场均价折算为货币补助金，支持其到市场中选购所需住房，超额部分费用自担，公私产权按出资比例分配[④]，公有产权部分形成公租房需交纳租金。因所选购房产单价不同，则实际享有公有产权面积是差别浮动的。出售方（房产公司或个人）凭房票向政府代理机构进行结算。这一制度实质上是实施货币化保障安居，由“补砖头”向“补人头”转变，缓解中低收入群体购房支付能力不足的问题，这既是福利性“购房券”，实际上又相当于共有产权房的“租房券”，并以公私合资方式扩大住房保障覆盖面，助推实现居者有其房的梦想。

（二）共有产权制

使用福利房票所购房产为混合产权房产，标明公有与私有两者产权比例，公有产权比例为货币福利补助金与房款的比例，系不完全产权，为国家与个人共有的产权。该项共有产权公私双方的权利与义务界定为非严格物权法约束下的共有产权，仅为经济意义上的共有产权。公有产权人不承担住房使用过程中的维修保养、日常管理、房屋安全等责任，只体现物权中的财产权份额，不涉及日常的使用；并明确共享权益，住户在占用和使用上拥有相对完整的权利，但在处分时，收益要与政府分享。共有产权转让退出时设置以下专项安排：

1. 公产赎买

---

① 一方面，土地制度尚不会出现重大变革，供地竞拍制度依旧实行；另一方面，房地产税处于久议中，尚无法快速出台，并且推行房地产税存有争议多、难点多、期望过高、成效难达等方面的不足，可能为财富分配环节中弥补地方财政收入的途径，因而不能对房产税解决房地产困境抱太高的期望。

② 主要对象：保障性需求和刚性需求。

③ 基准面积多少由各地方政府自定，可参考当地人均居住面积适当浮动，根据当时经济社会发展情况，该准面积可每五年进行微调。

④ “按份额比例共有”在房地产登记信息中予以载明。

经济条件改善的住户，需在五年后向政府申请赎买剩余的公有产权，一次性或分次转让，买价按市场公允的评估价的90%计算，双方均有益处：私有产权份额增加，公共资产变现，远期转让有助于房产保养与维护，适宜使用人投入适当资金装修。受益人过世不予以继承，家庭成员可按市场公允价的85%优先赎买。

2. 房产转让

住户持有满五年后可转让共有产权房，公有与私有产权同步转让退出，此时公共资产变现，房产转让后按整套房款中公有产权比率优先支付给政府。新购入方如使用福利房票的，其公共产权面积按最新补助金额与转让价重新计算。

(三)租购并举制

共有产权房中的公有产权部分为公共财产，受益人享有租用权，需按月支付租金，实行租购并举制，从而实现有房住且住得起。该租金比率约为福利房票金额的1%～3%①，低成本使用，租金适度，每隔若干年可适当上浮调整②，鼓励条件改善的住户赎买，提高租金则加速赎买进度，促进共有产权房实现从共有产权保障房向纯商品过渡。低保户可予以适当减免租金。但租金不宜过低，防范用于转租、转借，对转租谋利行为将提高租金予以惩罚。

实施普惠性住房安居政策遵循"房票无偿发放、公房有偿租用、公产市价流转、租买组合配置"原则，对于大多数年轻的刚需人群及中低收入群体，经审核领取福利房票，根据自身实际权衡利弊，选购相对适宜的住房，从而有效降低了获得居住权的经济成本；鉴于享受基准住房面积固定，福利房票补助金额度跟随房价浮动，该公共福利享受中基本不涉及房市波动的影响，从而实现住房制度上的公平正义。

六、福利房票制实施与运行要点

(一)资金来源

设置福利房产基金，主要用于归集资金和兑付所发放的福利房票。一是存量资金，整合与归集政府各类支出的保障性住房专项资金③可大部分直接充实到专项基金中；二是增量资金，从土地出让金中提取10%进行补充；三是借款，发行专项债券，由政策性银行配套资金支持，还可向商业银行借款；四是其他补充，吸收保险基金、社保基金、住房公积金等长线资金参与支持；五是建立政府引导基金予以专项支持；六是引进社会资本参与，推行PPP模式运作；七是将持有的公有产权份额打包归集，开展证券化融资。

本方案运行后，每年将有小额租金收入，随着时间推移，有不断增长的赎买与房产出让时公有产权变现资金的回收，且赎买和退出款适应房价市场走势，实现保值、增值，其收益率相当于房地产平均收益率。但须加强基金的封闭式管理，防范不当挪用，当出现大额盈余时，可用于弥补社保、养老基金不足，开辟一项新的财源。

---

① 租金适应中低收入者的承受力，一般不高于1年期银行贷款利率的50%，大约为1年期银行存款利率。

② 如前五年适度折扣，满五年后则每年上浮10%，促使有能力的家庭提高收入，最终离开保障状态。

③ 目前保障住房的建设资金主要来源：公共预算、住房公积金增值收益、土地出让收益、国有资本经营预算、地方政府债券收入、省级补助资金、城镇保障性安居工程补助资金等。

（二）享受条件设置

应设置条件限定享受资格的人群，以下人群不得享受福利房票：不满18周岁，个人名下已有房产者，个人名下近五年曾有房产交易记录的，家庭人均面积超过某一限值（40平方米），人均收入高于某一额度。每人只得享受一次，且不受婚姻状况影响，避免以婚姻状况套利。受益人群的条件基本上与原有的申请保障房条件相同，政府财力改善后可酌情适当扩大保障覆盖面；但须将炒作房产人群、高收入人群、住房条件较好的家庭排除出去，真正地让中低收入群体享受。

根据政府财力状况采用分类、分步推进，优先实施于特困户和年轻人群中的新婚夫妇，再向其他人员扩展。一方面，把好准入关口，明确户籍、婚姻、经济、住房等资格条件，限制高收入者和住房条件优良的人群搭便车；另一方面，随着社会经济环境变化逐步扩大保障范围，如在福利房产基金财力可承担的情况下，分步向农业人口放开，向符合条件的流动人口适度分批放开。

（三）业务承办机构

无需新设专门机构承办，可充分利用原有房产管理机构，或归入市政与国资部门管理与处置相关业务。业务简单，不管理实物，主要负责处理：公有房产份额认定，开、销户及赎买明细账务登记，租金收集，福利房票资金收支结算，公有份额出售收款等。

（四）公有份额管理

公有产权份额按补助金与整套房价比例折算，房价与该区域公允价基本相符，偏离度在±5%以内，以防公有产权份额被侵蚀。为防范购置环节的不当交易，一方面，产权交易、税务核定、银行按揭等交易金额应同步化；另一方面，及时跟踪各住宅小区成交均价，对偏差较大的，聘请第三方鉴证中介机构再评估，确保成交价的公允性。①

公有产权份额只降不增，实行单向转让，不予回购，政府不回收私有产权份额，实行“先租后售”模式，住户具有分次购买权，体现政府的阶段性住房支持。一方面，可以减少相关回购交易工作量，体现经济性，同时避免交易中估值不当、受益人的套现等风险性；另一方面，有利于加快福利房产基金回笼和资金积累，促进房票资金周转循环利用，从而可持续性地推动住房普惠保障事业的建设和发展。

限制转让期限，引导审慎购置房产，要求五年以上可上市转让，保障与鼓励中低收入者长期性稳定居住，同时对经济条件改善者鼓励赎买公有产权。

（五）配套性约束与监管措施

1. 权能限制

限制抵押、赠与、继承、转租、转借等行为，公有产权不予抵押融资，不得赠与、继承，不得用于转租、转借，也不得擅自改变房屋用途。共有产权房因私有产权部分抵押融资形成不良资产的，司法处置时其款项按份额优先偿付给政府。

2. 免税优惠

---

① 为防范公有产权份额舞弊，公允价格认定方式为：鉴于各资产评估机构运用大数据建立了房产估价数据库，可十分便捷地采集到房产市场估价，政府在合格资质的评估公司库中随机抽取3家的评估价，再以平均价认定；或按照现行契税交纳时所采用的房产估价。

公有产权成交部分不收取相关的税金，切实减轻交易成本；并且当计征房产税时，该共有产权房应当认定为一套，私有产权面积也认定为计征范围。

3. 维修费自担

维修费用由住户自行承担，促使住户养护、维护好共有产权，并承担所有的物业管理费。

4. 风险责任

房产使用过程中的纠纷及风险由购置人承担，政府不负任何责任。

5. 拆迁补偿

如果共有产权房需征迁，公有产权部分无偿收归国有（仅对相应装修作适当赔偿），不向受益人额外补偿，仅对尚继续符合享受福利房票政策条件的再次发放新房票进行安置。

（六）强化基金循环运转

福利房产基金封闭运行、循环使用，注重基金的收支状况，注重科学性管理和可持续性运营，提高了住房保障资源的利用效率。当房价高时，适当多投放房票，需有相应的财力保障供给；当房价低时，住户赎买公产回笼资金，积余资金进行保值性投资。当基金余额达到一定额度时，归还相关借款，乃至财政可停止拨款。在资金充分的条件下，分步推进扩大受益人群，作为城市引进人才和新市民的配套政策。

（七）推进制度化运行

为确保本方案规范高效运行，可组织专家开展论证与评审，并开展试点运行，解决细节问题，总结经验、完善方案，此外，还需加快出台“福利房票和公共产权房规范运行指导意见”，推进福利房票和共有产权房有明确的政策性指引。建立科学的监督与惩罚制度，坚持监督管理多元化，破解管理中的难题，尤其是加强受益人准入与房产退出环节的动态管理，将相关信息全面推向社会，实行全方位的公正、公开、公平和透明的监管。

七、独特的经济价值

（一）主要特点

1. 货币化安置

房票为代币券，代表一定金额的货币，可直接用于支付购房款，实施货币化安置困难群体的住房。拥有定额补助金的房票使用者理性地运用房票，多数人选择在房价下跌时出手购房，上涨时则不急于出手。政府不再提供住房实物救助，不再参与建造与收购房产，由受益人通过市场购置。

2. 福利额度均等

福利补助额度均等化，在一定时期内受益人所享受的公有房产面积相等，且对应的货币额度参照房价指数进行折算，不受房价波动影响，不必抢先与恐慌，保障受益人不论先后均等化分享社会福利，充分体现福利额度分享无差别、公平化。

3. 自主选购权、处置权

充分尊重市场主体的选择权，房票只限当地使用，无其他附加性限制，受益人可在市场上自由选择购置适宜的房产，解决好差异化、多样化、自主化居住需求问题；房产配置非指定性也体现了政策的"包容性",促进各群体社区多元混居,有利于各群体更好地融和,避免社会阶层分化。经济条件改善者可分次赎买公有产权,拥有自主续购权;一定期限后还可房产转让,拥有自主处置权。

4. 公有产权占比个性化

在福利额度均等和自主选购情形下,所购房价存在差别,实际享受公有产权面积有所差异,与所购房产单价高低成反比,单价低的公有面积大,单价高则公有面积小。同时,每套住房交易金额中各个家庭自身出资购置额不同,也造成了公有产权占比上的差异,个人出资少则公有产权占比高。综上所述,公有产权份额有较强的灵活性,实用公有产权面积、公有产权占比都是可浮动的弹性比例,有动态调整机制,满足个性化需求。房产市场构成体系为:纯公租房—混合共有产权房—纯商品房,私有产权比例可在0～100%区间配置。

5. 公有产权可赎买

充分发挥共有产权住房可连续分割产权份额的优势,经济条件改善的住户在一定年限后可赎买公有产权,既优化家庭房产配置,又减轻国家救济,以便财政资金循环周转投入对其他新人的救济,增强保障性住房流动性和运行可持续性。

6. 产权互换便利

开放产权互换,由混合共有产权房实现公有与私有产权之间可互换,产权流转灵活便捷:"公有产权"⟷"私有产权"双向转化,"私房公有化"与"公房私有化"简便切换。可直接购置新房或二手房转化为共有产权房,同时共有产权房又可作为二手房转让,形成共有产权房与商品房互换便利优势,这样既能拓宽保障性房源渠道,又有利于国有资产征收、流转与变现,而且共有产权房可经赎买转化为私有商品房,优化相关家庭的资产组合配置。

7. 公平性分享资产保值、增值

一方面,房票市值与当地房价波动相挂钩,对于受益人来说是保值的,同时对于政府而言也是长期保值的,政府持有公有产权,并没有转让产权,只是让渡了使用权或损失了部分资金利息成本,而且在产权退出环节中可实现保值与增值。另一方面,政府和受益人共同分享增值收益,按公私产权比例分享机制解决了增值资金分配关系,扭转了政府保障资金转变为部分居民的财产性收入,确保保障资源不浪费和不流失,公有产权在将来退出时随行就市,通过成交实现公共资产保值增值,私有产权部分也共同参与分享城市增长红利,尤其是降低购房门槛,让更多的人群分享到财产性增值收益。

8. 运营成本低

政府管理超脱,无需再介入共有产权房的预审、立项、规划、征地、建造、验收、分配、运营、转让、退出等各环节的事务中,套利与寻租空间小,社会运行成本低。

实施此种新型混合产权保障房制度适宜标准化复制与推广,坚持市场化运作,政府管理超脱,避开了分配与定价等关键环节中的弊端,套利与寻租空间小,社会运行成本低,切实解决现行保障房制度施行中的不公平、不合理乱象问题。

(二)独特价值——新型产权构建

1. 产权灵活转换

通过使用福利房票购置与转让共有产权房方案实现“私房公有化”与“公房私有化”的便捷性转化。凡使用福利房票的房产，其公有产权部分形成了公共廉租房，实质上为国家公有财产，开启了私有产权与公有产权灵活便利转换、公私共存产权结构，公有产权先租后售，同等入市、同权同价，福利保障与市场配置产权相兼顾，构建新时代住房产权新模式。共有产权房新机制将保障房使用、交易的行政管理转变为市场化行为和契约性关系。此种混合产权房遵循“福利保障”+“可负担能力”的原则，公有产权与个人产权共存，共同由市场统一定价，共同服从价格杠杆配置资源。通过该房票使用实现公有、私有产权间即时性转化，即政府收购市场中房产直接用于公共性出租，政府间接地、非主动地介入房产交易与出租市场，并与个人产权一道共同形成“租购并举”新模式。此不动产公私产权共存新模式效应不可估量：在购置环节中可实现征用个人私有产权，且政府征收价是与普通业主一样的市场公允价，开辟征用个人私有产权的新途径。

2. 住房供应体系变革

房票的使用引发了征用相应部分的私有房产，公有产权房具有准公共产品的功效，实质为新型公共出租房，将引起房市中供求关系的重大结构性变动：作为公共出租的共有产权房由市场供应与配置，激活存量房产流转与拓宽房源供应，改变了以往政府限定的小范围的保障性房源，改变售多租少、以商品房为主导的住房结构，不仅缓解了公众购房需求，又促使保障性、刚性、改善性、投资性等不同层次需求有效分流。因此福利房票制将是保障房供给的主渠道——有效扩大公租房面积，有助于构建集约化、专业化住房租赁服务，有利于完善住房租赁体系建设。

3. 共享资产增值效应

降低购房门槛，有助于中低收入家庭参与住房财富积累。在政府房票支持下，家庭购房资格与数量得到调整，普通居民小额出资也可参与房产购买，不必在高房价时参与恐慌性高杠杆、高价抢购，相当于按出资份额合伙参与分享房产增值与分担风险损失，并且公、私产权增值机会与空间相一致，由此缓解因购房高门槛的机会不平等而形成家庭财富贫富差距拉大的社会问题。

4. 有效遏制炒作投机

不同层次的住房需求得到有效分流，不再一窝蜂式挤压到单一产权的商品房市场，由此共有产权房改变了房产市场中的产权交易与出租格局，影响到房市中购买力及投资性需求，更影响到投机炒房风险，因而房市的炒作环境、盈利空间、风险度等方面引起的重大改观，引发房产投资人的理念洗牌——向房住不炒回归。

一是在普惠安居工程的保障下有效引导回归住房基本需求，改变购房偏好，鼓励租房安居，民众不必担心房价波动，不必参与抢购住房，不必过多地参与到房产的投资与投机，不会形成“恐慌”性购买行为，社会对房产的居住性需求得到进一步认同，投资与炒房需求将降温与弱化。

二是新型房产交易与出租情况将影响到房产的投资性需求，尤其是公租房面积大幅扩容且定向使用，一方面增加了出租面积，较好地解决了困难群体的居住问题，缓解了房市中购买力过度紧张的局面，影响投资性需求的非理性冲动，另一方面打破了原出租市场的格局，改变了出租供给以个人房产为主的局面，出租收益率将有所下降，更影响到投资性需求的收益。面对租购并举新模式，投资客将关切出租市场变动，空置待涨的炒房客将重新审视市场需求状况变动及降温炒作热度，尤其是须审慎看待将来退出环节中的风险状况，如接盘人需求及价格走势，甚至关切房产税落地征收的重大影响。

三是共有产权中私有产权部分也将同样分享到资产增值的红利，且同样又面临市场性风险，因而在购置完全产权房需求减少及分享炒房红利的门槛下降这种双降情形下，势必挤压炒房需求的空间和提升炒房的风险。

（三）独特的调节机制

公有产权房具有特有的调节效应。市场价格波动对公有产权比例进行调节，优化居民资产配置结构，优化房产租购市场结构。房价企高时，房票大受青睐，房票使用增多，相当于政府向市场多投入公租房，少购房多租房，即向市场增加投入房票；反之，房价走低时，居民选择自购商品房或赎买公有产权，少租房多购房，相当于回笼房票。可见房票也参与了市场调节：政府可在高房价时多抛出房票，定向解决部分困难群体的住房问题，从而干预和缓和市场价格波动。此外，特别是在经济不景气时和房价低迷时，政府可大力推出福利房票，借房价低谷助推解决困难群体的住房问题，还可同步带动相关的家装、电器消费，可达到适当地带动内需消费及促进启动经济增长活力的效果。独特的调节效应类似于央行公开市场操作中向金融市场投放与回收流动性资金。

因此，此种新型的“租购并举”共享式产权房中，政府公有产权市场份额庞大且显得举足轻重，政府实质上成为新型公房出租人，成为房市中最大的出租方，还可成立国家安居银行提供配套支持。

八、政策预期效果

采用福利房票方式购置共有产权房和实施租购并举的安居解决方案，充分体现了“政府帮助”保障与“家庭自助”参与相结合以及共同遵循市场化运作的两大优点，让低收入群体在政府扶持下与市场真正接轨，达到既解决基本住房保障需求又满足居住环境多样化需求，还避免以往政策缺陷的效果。该方案较北京、上海、深圳、成都、黄石、淮安六个试点城市的方案具有明显优势，不涉及土地单例政策，不涉及房产的政府回购，而且该方案公有产权份额实行有偿性租用，并且在房产交易、转让等环节完全市场化运作，受益人均等化享受公共福利安居保障，且享有充分的住房选择权和资产配置权。此项公共政策在住房供给优化、引导合理需求、促进供需匹配等方面有突出成效，是普惠的、公平的，并且在实际操作中是简便的、可行的、高效的，既能破除传统保障房存有的瓶颈与困境，又能完善住房供应体系和促进房地产市场健康可持续发展，能够担当新型中国特色住房制度的顶层设计。主要政策效果体现为如下方面：

（一）构建双轨制

构建保障与市场供应双轨制，坚持公共财政原则，遵循市场经济规律，形成以政府为主提供基本保障、以市场为主满足多种需求的层次分明的住房供应体系。中低收入者可以较低成本选择基本的居住之所，政府充分保障公民基本居住权的需求，他们的其他房产需求则进入完全市场竞争局面。该双轨制清晰地化解了不同居住需求的诉求，解决了不同需求难以兼顾的困境——实现刚需与非刚需分流。创建租赁与自有、保障与市场的住房改善过渡方式，经济条件受限的人群可住上共用产权房，条件略好的可自行出资申购更多的自有产权。经济富裕的人群则直接进入市场化配置，在经济条件许可下交易便捷，遵照统一房市管理准则和市场规则，由市价波动调节与权衡，至于其购多购少、何时购置、何时出让、贷款条件等，均由当事人家庭的需求状况及财务条件自主决定。

（二）保障基本安居

创建此项居住福利制度形成了公共住房保障供给主渠道，解决了中低收入人群“无房住”问题，大部分居民普惠性地无偿获得承租权，均等化地保障居民获得居住福利，尤其是对年轻的住房刚需人群及中低收入群体来说提供了良好的居住救济支持，实现了全民普惠安居。该公共廉租房等同于向社会提供新型准公共产品，形成公私租购合创新型现代福利公房，充分体现出社会主义国家制度的优越性，凸显了政策包容性、公共服务均等化，切合民众的基本诉求，全面缓解了困难家庭住房压力问题。在普惠安居工程的保障下，民众不必担心房价波动，不必参与抢购住房，不必过多地参与到房产的投资与投资，社会对房产的居住性需求得到进一步认同，投资与炒房需求将降温与弱化，促进实现房住不炒的目标。

（三）规范政府行为

明确界定政府与市场的边界，政府调控规范化、适度化，政府不再向市场乱出手，充分规范政府有形之手的职能，确保房市依据市场规则良性运行。约束与改善调控行为，在房地产市场中，政府主要发挥基础性福利保障与规范化市场宏观监管两大职能，进一步明确界定政府管制边界，明确政府角色为政治责任的承担者、规则的制定者与执行者、保障服务的采购者。该方案要求政府在保障公民的基本居住权时出手干预，在提供了这种特定的政策性住房救济职能外，政府将不再在房市中对具体价格、购置、出让、后期管理等方面的微观行为进行干预，仅在提供公共服务上强化统筹规划和改善质效，如强化制度建设、改善规划布局、提供透明信息、适时适量供地、均衡配置公共资源、规范化监管等。

（四）完善市场秩序

建立不同住房需求分流机制，健全住房供应体系和提升供给效率，优化市场供需结构，充分发挥市场无形之手的职能自动调节房市，确保房市由价格波动引导房产自由流转与组合配置。运用福利房票的共有产权房，有助于清晰住房产权类型和权能，市场化确定住房价格，推动房地产市场一体化格局，改变房市中同房不同价、权属管理复杂的局面。一方面，一套房产中公有与私有比例、赎买进度、增值空间等，均与市场价格直接挂钩，影响购置与赎买时机、套型大小、区位地段等，促进受益人理性配置与处置公有产权；另一方面，公众在基本保障住房需求得到充分满足外，其他的改善、投资、炒作性需求进入竞争性市场，根据经济负担能力由市场力量配置房产、财产和承担相应风险，完全由市场价格杠杆进行调节供需，促进房产资源的合理配置，培育真正的房地产市场和完善良性的市场秩序。

（五）各方共赢模式

享受福利房票的公众在获得普惠的居住权的同时，享有高质量的选择权，可购置适合自己的新房、二手房，选择空间较大；家庭自助资金参与共享保障减轻了政府的财政压力，发放福利房票还减轻了行政压力，政府不必再为中低收入群体出台住房保障新政策，也不必再为专项建造经济适用房、廉租房、共有产权房等费心费力了，基本上不必进行房市调控了，让市场机制来调节；新房与存量房产共同进入同一市场，套内公、私产权均享受同等面积同等价格，即产权有别而价格并轨，同等入市、同权同价，彻底实现了由价格杠杆调节与配置资源的市场机制，有效构建了成熟的房地产市场。与此同时，解决好增值资金分配关系，随着时间推移，房产有所增值而具有财富效应，房产的产权人获得资产升值收益，即私有产权与公有产权都按产权比例获得增值，并且是等幅度增值，也就是个人与政府共同分享增值，尤其是公有产权部分不会因原模式国有土地一次性出让后无法实现后续增值的问题，获得了递延性的土地增值收益①，较好地为政府提供了补充性新财源，均衡了政府的当期与远期土地财政收入，优化了财政收入结构。

（六）构建长效机制

一是促进“有恒产则有恒心”，有利于社会和谐。该方案实施促进房产产权清晰，每套住房产权比例与属性明确②，家庭财产中配置房产产权更加公平，而不论财力多少，尤其是弱势群体除了得到居住福利保障外，均获得便利的“合伙”机会参与拥有或增加房产私人产权份额；同时，该方案又调动了弱势群体爱护并管理自己住房的积极性，还激励有能力的家庭提高收入并脱离基本福利保障而最终进入纯商品市场，因此，在救济作用之外还起到正向激励社会作用。

二是促进公平交易，有利于产权保护。公有产权与个人产权共存，产权比例弹性化配置，共同由市场统一定价，两种产权共同服从价格杠杆配置资源的原则，平等、公正、公开交易，尤其是规范公有产权退出机制，国有资产和个人资产同等保护，且资产的贬值与增值风险遵循市场价平等对待。

三是促进普惠安居，落实房住不炒，保障房市平稳运行。实施新型“租购并举”的新型现代福利公房，政府凭借公有产权成为房市最大的产权持有人③，是租赁房源的主要提供者，是房市中最大的出租方，可在福利保障与市场调控中发挥稳定器作用，是房市中的定海神针，不必频繁出台调控细则；此外，公租房挤压了房市炒作盈利空间，熄灭了各种炒作因素，致使参与人群减少、炒作成本抬高、炒作盈利风险加大等，终而使炒作失去意义。

九、结语

实施福利房票制是共有产权房理论与实践的有益探索与创新，创建共有产权式普惠福利保障制度，构建新型租购并举机制，以政府购买方式取得公有产权份额，与私人产权一道共同解决社会“夹心层”住有所居问题，完善住房供应体系，优化市场供需结构，构建居住权保障化和房产权市场化双轨并行运作机制，是房地产领域深化供给结构性改革的

---

① 政府收益相当于收储房产用于保障性安居之后获得的剩余收益，形成新型国有资产经营收益。

② 房产分为纯商品房和共有产权房，公有产权、私有产权比例明确，纯商品房系100%私有产权。

③ 公有产权的房价服从市场均价，不可能成为市场价格的操纵者，而是市场价格的被动接受方，因为房票使用和公有产权赎买两个中间环节均由市场中的不同个体操办。

重大举措，将引领新一轮住房制度改革，实现多方共赢，是适应国情和市场规律发展的新型住房制度的顶层设计、房市调控的长效机制。

（一）革新住房保障制度

构建福利保障与市场配置双轨制，福利房票推进普惠安居工程成为基础性、制度化、规范化的房产保障制度，中低收入者享受低成本福利，可以选择基本的居住之所，基本居住权需求得到保障，形成公共住房保障供给主渠道；政府帮助与家庭自助相结合的保障制度将政府保障职能由“无限责任”转化为“有限责任”，明晰了公共福利保障责任；有效分流政策保障性需求从而实现人人安居，缓解了市场压力，隔离了市场风险，压降了房产炒作需求，打击了炒作行为，达成了房住不炒的目标。

（二）革新住房产权制度

创建新型房产产权制度，福利房票推行公私混合产权廉租房，公有产权与私有产权之间便利转换、混合共存，同等入市、同权同价，共享资产增值，并且公有产权份额实行有偿租用制且先租后售，形成灵活的“租购并举”共有产权新模式。创建共有产权、租购并举式的新型现代福利公房，并实现各类产权共同遵循市场定价住房体系新格局；规范剩余产权有偿购买，解决现有保障房中产权及流转的难点与乱象问题，不仅明晰公私产权关系，而且社会交易成本低、保障国有资产保值增值。

（三）革新房市调控机制

推动政府职能转变，清晰界定政府管制边界，重建政府与市场关系，明晰界定政府管控与市场机制在房市运行中的关系，增强宏观性、针对性指导，政府无需介入市场运行，弱化市场干预，约束与改善调控行为，更好地发挥基础性福利保障与规范化市场宏观监管两大职能，与此同时，更好地发挥市场价格杠杆调节供需机制，促进房产资源的合理配置，有利于房地产市场稳健运行。

（四）优化财政收入结构

政府收储福利公房用于保障性安居后退出时再获得的剩余收益，相当于国有资产长期性投资经营收益，可形成新的财政收入源泉，弱化对土地财政的依赖。

参考文献：

[1]易斌．住房需求抑制还是土地供给调节：房地产调控政策比较研究[J]．财经研究，2015(2)．

[2]凌维慈．规制抑或调控：我国房地产市场的国家干预[J]．华东政法大学学报，2017(1)．

[3]赵永升．房地产市场宏观调控的长效机制研究[J]．现代管理科学，2017(12)．

[4]周文文，刘超，李佼．房地产政策调控对房价影响研究[J]．价格理论与实践，2017(11)．

[5]彭超群，瞿富强．产权式保障房政策比较与启示[J]．商业经济研究，2015(20)．

[6]陈敏．中国城镇居民住房保障制度的问题与对策[J]．政治与法律，2015(9)．

[7]曾亚萍，吴翔华，聂琦波．共有产权经济适用房的退出机制研究[J]．改革与战略，2010(10)．

[8]韦海民，王浩．共有产权保障房退出模式比较分析——以我国试点城市为例[J]．建筑经济，2015(11)．

[9]李海涛，张小富．共有产权住房制度市场化设计初探——基于有限合伙制的启示[J]．建筑经济，2015(4)．

[10]周君洪，黎安聪，张露云，等．基于土地年租制的共有产权房应用模式研究[J]．建筑经济，2015

(11).

[11]吕萍,藏波,陈泓冰.共有产权保障房模式存在的问题——以黄石市为例[J].城市问题,2015(6).

[12]李哲,李梦娜.共有产权住房政策的反思:定位、现状与路径[J].当代经济管理,2018(4).

[13]马辉民,刘潇.我国共有产权住房政策的探索与实践[J].中国行政管理,2016(1).

[14]陈杰,胡明志.共有产权房:住房供给侧改革何以发力[J].探索与争鸣,2017(11).

[15]崔光灿,姜巧.上海共有产权保障住房运作模式及效果分析[J].城市发展研究,2015(7).

[16]向为民,甘蕾.抑制和稳定房价背景的"租购同权"政策匹配[J].改革,2017(11).

[17]李海涛.完善共有产权住房制度设计的若干构思[J].现代城市研究,2016(4).

[18]严荣.完善共有产权住房体系建设确定[J].经济纵横,2015(1).

爱尔兰医疗保障制度及对中国的启示

徐常钦　李豪豪

摘　要： 本文着重阐述了爱尔兰医疗保障体系现状及发展趋势，总结了爱尔兰医疗保障制度模式特点及其对中国的借鉴意义。首先，通过对爱尔兰医疗保障体系的梳理，发现爱尔兰医疗保障主要针对特定人群提供部分免费的保障服务。其次，介绍爱尔兰政府准备于 2019 年推出的全民健康保险计划，该计划着力解决两个问题，一是医疗服务两层次体系带来的低效率问题，二是医疗保障覆盖面未惠及全民的问题。最后，基于对爱尔兰医疗保障制度发展模式的总结，认为爱尔兰医保制度中的统一管理、基层建设等经验值得我国借鉴。

关键词： 爱尔兰　医疗保障　免费医疗

爱尔兰，全称爱尔兰共和国，位于欧洲大陆西北，国土面积约 70 282 平方千米，其首都为都柏林。根据爱尔兰 2016 年人口普查结果，其总人口达到 4 761 865 人，其中男性为 21 354 428 人，女性为 2 407 437 人。20 岁及以下的人口占比为 27.5%，60 岁及以上人口占比为 18.4%，65 岁及以上人口占比为 15.8%。根据联合国《人口老龄化及其社会经济后果》确定的标准，爱尔兰已经进入老龄化社会。

2018 年，爱尔兰 GDP 达到 3 214 亿欧元，同比增长 8.2%。根据爱尔兰中央统计局数据，2017 年，爱尔兰人均每周可支配收入为 478.79 欧元，贫困率为 6.7%。同时，作为经济合作与发展组织成员国，爱尔兰是少数医疗保障尚未覆盖全民的国家之一，在未实现全民覆盖的医疗保障体系下，会存在什么样的问题，又有哪些方面值得我们学习？同时，爱尔兰准备于 2019 年提出全民健康保险计划，这次医疗保障制度改革有哪些亮点？准备解决什么问题？本文拟对爱尔兰医疗保障制度现状、运行中遇到的问题及拟采取的对策等进行研究，不仅对于增强对国际社会医疗保障制度改革方向的了解，而且对于完善我国医疗保障制度、深化医疗体制改革具有一定的借鉴意义。

一、爱尔兰社会保障体系概况

爱尔兰的社会保障制度主要包括经济保障和服务保障两类，其中经济保障主要由就

作者简介：徐常钦，上海财经大学公共经济与管理学院硕士研究生；李豪豪，上海财经大学公共经济与管理学院硕士研究生。

业事务和社会保障部(Department of Employment Affairs and Social Protection)管理,而服务保障主要由爱尔兰卫生部(Department of Health)和健康服务管理局(Health Service Executive,以下简称 HSE)负责。

经济保障中的内容同大多数国家的社保制度一样,主要分为三个部分:社会保险、社会救助和社会福利。其中,社会保险又分为老年福利、残疾福利、幸存者福利、疾病和产妇福利、工伤保险和失业保险等,见图 1。社会保险根据被保险者的身份、职业、收入等特征分为 9 个等级,并规定了相应等级的缴费比例,缴费由雇主和雇员一起承担,国家起到补充和兜底的作用。社会救助中的分类与社会保险大致相同,所不同的是,每一类中所涉及的项目不同。例如,社会保险中的残疾福利包括的项目有残疾养恤金、部分能力福利和护理人员福利,而社会救助中的残疾福利则包括盲人养老金、残疾津贴和护理人员津贴等。同时,另一个不同点是,社会保险项目需要进行缴费,而社会救助项目则不用,但需要进行某些资格条件的审查,如经济状况调查。社会福利主要包括家庭津贴,同样不需缴费。

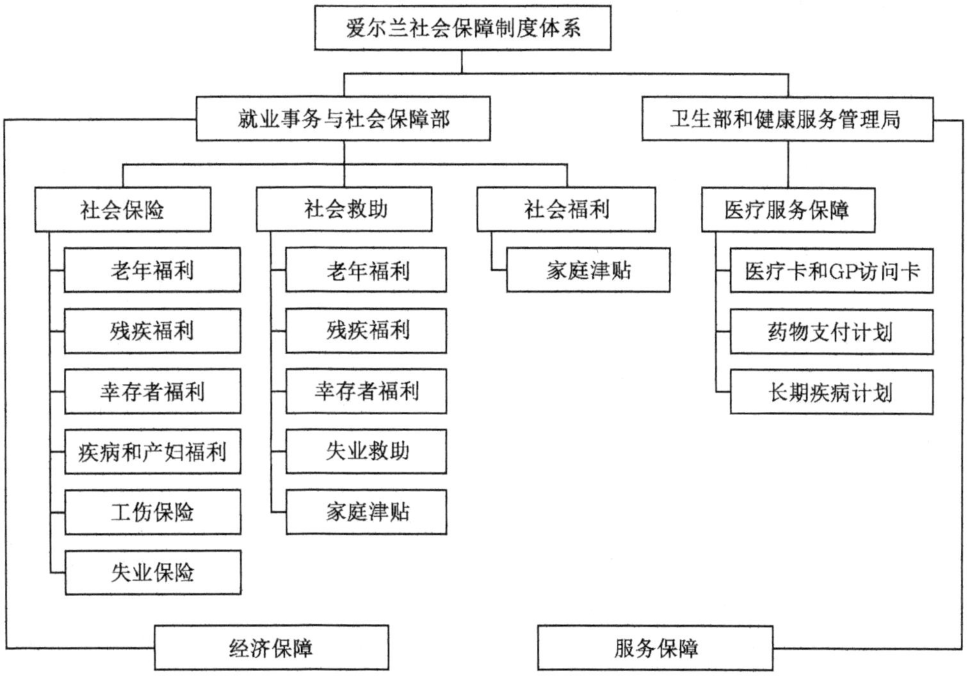

资料来源:笔者根据美国社会保障局网站资料整理,https://www.ssa.gov/policy/docs/progdesc/ssptw/2018-2019/europe/ireland.html。

图 1 爱尔兰社会保障制度体系框架

服务保障主要指医疗服务保障,不同于经济保障的是,经济保障主要提供资金的支持,而服务保障主要向待遇享受者提供医疗服务。具体来说,在经济保障的分类中,包括疾病和产妇福利,这其中有一个社会保险项目称为疾病津贴。这一津贴是在被保险人发生疾病时,可以得到每周最高 193 欧元的保险金。而医疗服务保障则不同于社会保险项目,其待遇的给付并不以参保来衡量,而是以待遇享受者是否满足特定的条件为基础。同时,其主要的目的是提供医疗服务,而不是进行现金支付。其中主要包括三个项目:医疗卡和 GP 访问卡(GP Visit Card)项目、药物支付计划和长期疾病计划等。

二、爱尔兰人口健康情况

在 2008 年到 2017 年的十年时间里,爱尔兰总和生育率从 2.07 下降到 1.80,但整体情况依然比欧盟平均水平高,同一时段,欧盟总和生育率在 1.6 左右,最高时为 1.62,最低时为 1.55。虽然爱尔兰总和生育率持续下降,但是截止到 2016 年,仍然位列欧洲的第三位。

爱尔兰人口的预期寿命在 2007 年至 2016 年的十年间得到了提高,男性从 76.9 岁延长到 79.9 岁,女性从 81.7 岁延长到 83.6 岁。而 2016 年,欧盟 28 国平均预期寿命男性约为 78.2 岁,女性约为 80 岁。在强调预期寿命延长的同时,我们同样关心健康老龄化。一项衡量的指标为 65 岁及以上人口身体健康的年数,爱尔兰 65 岁及以上人口中,女性健康年数为 13 年,男性为 12 年。而欧盟的这一数字平均为男性和女性均为 10 年。

在自我健康感知方面,爱尔兰也远高于欧盟 28 国平均水平。在爱尔兰,认为自己健康状况非常好的比例为男性 41.6%,女性 41.5%,而欧盟平均来看,男性只有 22.2%认为自己健康状况非常好,女性为 19%。认为自己身体非常差的比例,爱尔兰为男性 17.3%,女性 17.2%,而欧盟为男性 29.9%,女性 34.9%

此外,在慢性病、婴儿死亡率、治疗事故死亡率等方面,爱尔兰均优于欧盟平均水平。可以说,自 2005 年爱尔兰卫生体系改革以来,爱尔兰人口健康状况得到了比较快的提升,尽管人口健康情况是多方面因素共同作用的结果,但是医疗卫生体系的发展在当中起到关键的作用。

三、爱尔兰两级卫生服务体系概况

在爱尔兰,卫生服务主要包括三个方面:促进身体健康、预防疾病(如食品安全服务、免疫接种和疫苗接种服务、健康检查、婴儿和儿童保健服务)以及疾病的诊断和治疗[如全科医生(General Practitioner,GP)服务、医院服务]。

目前,爱尔兰存在两级卫生服务系统,即公共卫生服务系统和私人卫生服务系统。在公共卫生服务系统中,33%的人口拥有医疗卡,约 10%的人拥有 GP 访问卡。而在私人卫生服务系统中,几乎有 45%的人口拥有私人医疗保险,这其中也包括一些拥有医疗卡的人,私人卫生系统由医疗保健公司或者个人健康专业人员提供私人医疗服务。患者通常需要支付私人医疗服务的全部费用,除非购买了私人医疗保险。而公共卫生服务得到国家的支持,由健康服务管理局(HSE)负责公共卫生服务的提供。有时 HSE 直接提供服务,有时 HSE 资助其他组织提供服务。这些公共卫生服务主要针对爱尔兰的常住居民,一般需要在爱尔兰居住至少一年。

爱尔兰的公共卫生服务系统主要由几个部分组成:当地的卫生办公室、卫生中心、初级保健中心、药房和全科医生。

当地的卫生办公室是患者得到社区健康服务的切入点，通常一个地区会设置一个卫生办公室，该办公室一般位于该地区某个卫生中心和初级保健中心内。而卫生中心分布在全国各地的城镇和和村庄，为当地的居民提供广泛的保健和社区服务，通常一个地区会有几家甚至几十家卫生中心。通过地方卫生办公室和卫生中心提供的广泛服务包括全科医生服务、公共卫生护理、儿童保健服务、社区福利、手足病、眼科、言语治疗、成瘾咨询和治疗、社会工作、职业治疗、精神科服务和家庭帮助等。

爱尔兰在全国各地都建立了初级保健中心和小组。初级保健服务是指居民可以在医院之外的社区中能够获得的所有健康或社会护理服务，涵盖在医院中能够得到的一些服务，包括全科医生、公共卫生护理以及通过当地卫生办公室提供的一系列其他服务，主要为了满足当地人口的初级保健需求。

药房在爱尔兰的医疗系统中发挥着核心的作用，负责提供健康建议并提供药物和其他服务。药剂师与 HSE 合作，根据医疗卡和药物支付计划等项目向患者提供药物治疗。爱尔兰有超过 1 500 家社区药店，大多数人每年都会多次访问药房。如果病情不是很严重，当居民感到身体不适并且希望得到建议和初步的治疗服务时，药房是他们首次访问的地方。

在爱尔兰约有 2 500 名全科医生（GP），他们在爱尔兰各地的集体诊所、初级保健中心、私人诊所和医疗中心工作。全科医生同样在医疗卫生系统中发挥着重要的作用，并且通常是人们看病时第一个接触到的医生。全科医生在所有健康问题上为患者提供广泛的服务，居民从出生到临终关怀，都接受着全科医生的照顾。如果需要更进一步的检查，全科医生有权转诊患者，令其看专科医生或医院顾问。

要找专科医生或医院顾问看病，必须由全科医生转诊。作为接受公共卫生服务的患者，无需为顾问的服务付费，但也无法选择顾问医生。在许多地区，设有非紧急服务等候名单，这意味着公共卫生体系中接受专科医生或医院顾问的检查需要排队。患者也可以选择作为顾问医生的私人患者接受治疗，但这需要支付顾问的服务费用。一般来说，私立医院设有各自的服务费用，这笔费用通常不少，如果拥有私人医疗保险，那么保险将会支付部分或全部的费用。

四、爱尔兰的医疗服务保障项目

在爱尔兰，主要有三个医疗服务保障项目可以帮助患者获得看诊、用药、治疗等服务——医疗卡和 GP 访问卡项目、药物支付计划（Drugs Payment Scheme，以下简称 DPS）和长期疾病计划（Long-Term Illness Scheme，以下简称 LTI）。这三个主要的医疗保障项目均不是覆盖全民的，享受这些计划需要满足特定的条件或者属于特定的群体，主要帮助这些群体能够免费或者支付较少费用地获得相关医疗服务。

（一）医疗卡和 GP 访问卡项目

医疗卡和 GP 访问卡项目是爱尔兰政府针对特定群体的一项医疗保障项目。任何在爱尔兰共和国的常住人口都可以申请医疗卡或 GP 访问卡，这里的常住人口意味着居住在爱尔兰至少一年。相关部门将根据一些指标的评估，判断是否具有获得医疗卡和 GP 访问卡的资格。

在爱尔兰，如果拥有医疗卡，可以免费接受全科医生的医疗服务，换言之，病人无需支付看诊的费用、药品的费用，但对于每个处方需要支付 2 欧元的处方费，每人或每个家庭每个月最多支付 20 欧元，超出的部分免费。特别地，对于 70 周岁以上的人，从 2019 年 4 月 1 日开始，处方费为每人 1.5 欧元，最高每人每月 15 欧元。

同时医疗卡还包括免费的公共门诊和住院服务、眼睛和耳朵的测试以及牙科的检查等。申请医疗卡将会进行一个评估，获取资格取决于每个人的具体情况。评估内容主要包括收入、花费、婚姻状况以及家属情况等。如果符合以下条件，将可以自动获得医疗卡资格而无需进行评估，如正在参与政府的某些医疗计划、曾做过手术，或者在过去五年内被诊断患有癌症的儿童等。

如果根据评估没有资格获得医疗卡，那么可能会有资格获得 GP 访问卡。通过 GP 访问卡，可以免费请全科医生(GP)看诊。

拥有 GP 访问卡，则无需支付全科医生看诊的费用，但是需要支付事故和急诊部门的费用、住院费用等，同时还需要支付药品和其他服务的费用。任何人都可以申请 GP 访问卡，但同样需要经过资格认定。对于年满 70 周岁的老人和 6 周岁以下的儿童，可以自动获得 GP 访问卡资格。

医疗卡和 GP 访问卡的基本费率是固定的金额，取决于参保人的年龄、婚姻状况、生活状况以及是否有孩子。医疗卡的费用低于 GP 访问卡的费用。基本费用情况见表 1。

表 1　　爱尔兰医疗卡和 GP 访问卡基本费用　　单位:欧元

人　群	费　用	
	医疗卡	GP 访问卡
65 岁以下的独居单身人士	184	304
65 岁及以上的独居单身人士	201.5	333
65 岁以下与家庭共同生活的单身人士	164	271
65 岁及以上与家庭共同生活的单身人士	173.5	286
65 岁以下已婚共同居住的夫妇或单亲家庭	266.5	441
65 岁及以上已婚共同居住的夫妇或单亲家庭	298	492

同时，医疗卡可以同时给参保人的孩子进行使用，但是需要缴纳额外的保费。额外费用情况如表 2 所示。

表 2　　爱尔兰医疗卡和 GP 访问卡额外费用　　单位:欧元

人　群	费　用	
	医疗卡	GP 访问卡
前两个 16 岁以下申请人的儿童	38	57
第三个及之后 16 岁以下申请人的儿童	41	61.5

续表

人群	费用	
	医疗卡	GP访问卡
前两个16岁及以上经济上依赖申请人的孩子	39	58.5
第三个及之后16岁及以上经济上依赖申请人的孩子	42.5	64
超过16岁全日制三级教育为获得补助金的受抚养者	78	117

（二）药物支付计划

药物支付计划(DPS)是爱尔兰政府针对没有医疗卡，同时每月药品支出超过124欧元的家庭的一项医疗保障计划。任何在爱尔兰共和国的常住居民都可以申请，常住居民指至少在爱尔兰居住一年。同时，参加该计划不需要经过评估测试。这些药物包括批准的处方药和一般药品。

这个计划可以以家庭为单位进行申请，家庭中的一个成年人可以为他们的配偶、伴侣以及其他家属申请药物支付计划，这些家属无论年龄大小，只要无法完全通过自己缴纳费用，同时患有某种疾病、身体残疾或智力残疾，就可以被该计划包含在内。同时，如果以家庭为单位申请，家庭中有18～23岁的受抚养子女正在接受全日制教育，也可以将他们纳入计划保障的范围中。

（三）长期疾病计划

长期疾病计划(LTI)是针对患有特定疾病和残疾人群体的医疗保障项目。该计划涵盖的疾病和残疾主要包括急性白血病、脑瘫、糖尿病、癫痫、血友病、智力残疾、帕金森病、苯丙酮尿症等，这些疾病往往治疗周期比较长。

根据长期疾病计划，参保人可以从药房免费获得一些药物和经批准的医疗器具等。参加该计划不需要任何经济能力的评估，但是参保人必须是爱尔兰共和国的常住居民，意味着必须在爱尔兰至少居住一年。

若符合要求，参保人需要将完整的申请表发送给当地的社区卫生组织，同时参保人的医生或者顾问需要在表格上签字，他们将确认参保人的病情，同时列出药物和治疗疾病所需要的一切器具。如果申请成功，参保人将获得一本关于长期疾病及保障的手册，手册中列出参保人进行治疗所需的药物，包括药物的类型、数量等信息。同时，如果需要医疗或手术器具，参保人可以从当地的卫生办公室获得。

总的来说，爱尔兰的医疗保障并没有实现全民医保。较为贫困、收入较低的人可以申请医疗卡，获得医疗卡之后，能够得到免费的全科医疗服务、药品等。社会中最年轻和最年长的人群，即6岁及以下或者70岁及以上的人，则可以直接注册获得GP访问卡，得到免费的全科医生诊断服务，但是药品等开销还是需要自行支付。患有某些长期疾病或者残疾的人群可以申请长期疾病计划，如果认证成功，则可以免费获得医疗服务以及治疗该种疾病的药品和医疗用具。而一般的居民如果每月支付的药品价格超过124欧元，则可以申请药品支付计划，超过部分的药品费用将由政府来负担。

五、爱尔兰医保制度的特点与不足

(一)爱尔兰医保制度的特点

1. 两层次医疗体系模式

爱尔兰目前采用两层次医疗体系,即私人医疗体系与公共医疗体系并存的管理模式。公共医疗体系中提供的大部分医疗保障措施都只针对特定的群体,如医疗卡仅提供给一些低收入者、患有癌症的儿童等人群,长期疾病计划只针对一些患有某些长期疾病或者残疾的人群,而药物支付计划也只是负担部分药费,保证参与计划的家庭每个月将药品方面的支出控制在124欧元以内。从以上的做法可以看到,爱尔兰公共医疗保障尚未能够完全覆盖全部的国民。因此,一些人不得不寻求私人医疗保险的保障。

爱尔兰政府十分重视私人医疗保险的发展,设立医疗保险管理局(HIA)对私人医疗保险市场进行独立法定监管。私人健康保险可以用于支付医院以及在医疗过程中各种专业人员的私人护理费用。具体的安排因不同的保险公司而异,但大多数公司会与医院达成协议,公司直接向医院支付费用。一般而言,对于门诊费用,参保人需要直接向医护人员支付费用,然后再向保险公司索赔。

为了鼓励国民参与私人健康保险,政府也提供给国民税收抵免政策。如果参与了经批准的私人医疗保险计划,参与的保单费用将对税收进行抵免,最高每位成人1 000欧元,儿童500欧元。

这种两层次的医疗管理模式互为补充。一方面,私人医疗保险在一定程度上弥补了公共医疗保障覆盖面不足的问题;另一方面,公共医疗保障给没有能力参加私人医疗保险的人提供了免费的基本医疗服务。

2. 公共医疗保障承担保基本的责任

在公共医疗保障体系中,获得医疗卡或者GP访问卡意味着患者能够享受到免费的全科医生的看诊服务,但如果想要去医院自主寻求更专业的顾问医生,则无法享受免费的待遇,除非有全科医生的推介转诊。

首先,患者必须拥有医疗卡或者GP访问卡。这意味着患者是社会中的特殊群体,包括低收入者、老人、儿童以及患有某些特殊疾病的人群。这种制度对比医疗保险制度来说,更有一种救助的意味。而救助一般而言都需要对人群进行甄别,给予最需要的人。

其次,患者必须按照严格的程序进行就医。患者必须先找基层的全科医生进行诊断,全科医生对病情进行判断后进行下一步用药或者转诊操作。而如果患者想要直接寻求更加专业的顾问医生的诊断,或是直接到医院进行治疗,则无法继续享受免费的待遇,需要自行承担去医院接受治疗的费用。

上述两个方面能够体现在爱尔兰医疗保障体系中,公共医疗保障承担着保基本的责任:一方面,只惠及社会上的部分群体;另一方面,只提供比较基础的医疗服务保障。例如,对于拥有医疗卡的患者,只提供免费的看诊和药品服务。对于患有规定的某些长期疾病的患者,只提供免费的治疗相关疾病的药品和医疗器具等。

3. 有限的免费医疗

不同于英国的免费医疗制度，爱尔兰的医疗保障需要缴纳一定的费用。例如，医疗卡和GP访问卡根据不同的人群需要缴纳不等的费用。同时，尽管看诊、药物以及住院等服务是免费的，但是仍然需要支付一定的处方费。拥有GP访问卡尽管不需要支付看诊和药物的费用，但是住院和急诊等费用仍然需要支付。同时，患者只能得到具有一定限制的免费待遇。以长期疾病计划为例，患者可以得到免费的治疗。但是这种免费的前提是，必须得到专业医师的诊断并签字，证明患者确患有计划中所列的长期疾病或残疾。同时，得到的免费医疗服务和药品也只是专门用于治疗该种疾病的药品和医疗器具。因此，爱尔兰的免费医疗是有限的免费医疗。有限表现在两个方面：一是对于一些特定的人群免费，而不是全民免费；二是根据不同的项目，免费的服务有一定的限制。

总之，爱尔兰公共医疗保障体系对于医疗服务和药品的免费，有比较完善的机制来控制。首先，对于获得免费服务的人群会进行评估，确保免费医疗能够惠及最需要的人群；其次，通过严格的转诊制度，患者是否需要进入医院获得更加专业的诊断和治疗要由基层全科医生进行把关；最后，对于一些长期性治疗的疾病和残疾，需要专业的医师进行认定，同时对于免费提供的药品和医疗用品也都有规定进行限制。这在很大程度上避免了免费医疗资源的浪费，同时也提高了医疗资源利用的效率。

（二）爱尔兰医疗体系的不足

1. 两层医疗体系效率低下

尽管两层医疗体系可以起到互为补充的作用，但同时也带来了低效率的问题。根据爱尔兰卫生部的数据，2017年，全国公立医院共有住院床位10 665张，一年内共有633 155位患者出院，平均每位患者住院天数为5.6天，平均每张病床一年内使用天数达到332天。同时公立医院共有急诊床位2 170张，一年内共治疗急诊患者1 072 902例，平均每个床位一年内要接纳近500位患者。而爱尔兰共有21家私立医院，其中3家为精神病院。2017年，私立医院共有住院床位1 796张，一年内共有104 077位患者出院，平均每位患者住院天数为4.5天，平均每张病床一年内使用天数仅为260天。对于公立医院来说，急诊病患占总病患数的62.9%，而这一数字在私立医院则达到74.6%。上述数据说明，患者更倾向于选择公立医院进行住院治疗，而去私立医院看急诊。这一方面是由于公立医院收费更加便宜，而住院常常需要支付不少的费用，对于大多数家庭而言，会选择更加负担得起的公立医院进行住院治疗。同时，公立医院由于收费便宜，而且有医疗保障计划覆盖，因而常常会大排长龙，对于一些急症的患者，受不了漫长的等待时间，因而会选择去价格较为昂贵但看诊较快的私立医院看急诊。

根据爱尔兰卫生部发布的《健康趋势2018》中的数据，2018年，等候名单上的总人数超过50万人，其中有约15万人已经等待超过52周。从之前的病床使用情况数据也可以看出，公立医院的压力比私立医院大得多，医院的急诊室常常人满为患，导致患者无法得到及时的治疗。这就造成了两层医疗体系效率低下的问题，这一方面耽误了患者的治疗，另一方面也影响了医疗服务的质量。

2. 医疗保障体系覆盖面不足

在爱尔兰，虽然总人口数不足500万，但是免费的全科医生的服务只有不到一半的人可及，更多的人需要购买私人健康保险来帮助自己支付高额的医疗费用。可是拥有私人保险的人依然不到总人口的一半，这其中不乏同时拥有医疗卡和私人保险的人。这说明仍然有很多人没有被医疗卡、GP 访问卡和私人医疗保险覆盖。这部分人通常是经济状况不足以支撑其到私立医院治疗的花费的，因此，他们不得不在公立医院接受漫长的排队，支付看诊和治疗的费用。

上述数据表明，爱尔兰的医疗保障覆盖面不足。医疗保险遵循"大数法则"，即越多的人参与，抵御风险的能力就越强。医保的覆盖面不足，一方面会直接导致没有被覆盖的人群在发生疾病时必须支付高额的医疗费用，给个人和家庭带来沉重的经济负担，另一方面也会由于参与人数有限，财政又承担着兜底的责任，从而间接给财政带来经济方面的风险。

3. 医疗保障制度可持续性较差

尽管目前爱尔兰尚未实现医保全民覆盖，但是可持续性的问题已经逐渐暴露。任何医疗保健系统成本的最大驱动因素之一是 65 岁及以上人口的人数。这并不奇怪，老年人需要比年轻人更多的医疗照顾和服务。根据 2016 年人口普查的结果，爱尔兰 65 岁及以上人口的比例为 15.8%，这一比例从 2007 年开始就一直保持增长的趋势，而经济合作与发展组织的平均比例为 15%。根据经济合作与发展组织的最新数据，爱尔兰 2011 年医疗人均支出为 3 700 美元，而经济合作与发展组织国家的平均数为 3 339 美元。这些数字表明：爱尔兰在医疗保健方面的支出水平很高。随着老龄化不断深入，GP 访问卡向 70 岁及以上的老人和 6 岁及以下的儿童全面开放，会造成医疗保健方面的成本不断提高。同时，根据爱尔兰卫生部的数据，2018 年，有超过 90%的 65 岁及以上老人看过全科医生，对于总人口来说，也有 70%以上的人看过全科医生。

从 2013 年开始，爱尔兰公共卫生支出一直不断增加，到 2017 年达到 1 526 亿欧元。其中，由健康服务管理局负责的支出就有 1 432 亿欧元。同时，根据 OECD 的数据，2017 年爱尔兰人均卫生支出为 5 446.9 美元，占人均 GDP 的 11.6%。其中公共负担的部分为 8.4%，私人负担 3.2%。就这一指标来说，爱尔兰位于 OECD36 国的第三位，医疗卫生支出尤其是公共支出较多。这就是爱尔兰政府过去一直在削减爱尔兰医疗卫生成本的原因。

随着爱尔兰人口的老龄化，未来对卫生服务的需求可能还会继续增加。这种增加的需求，在现有的医疗保障制度框架下，将要求大幅增加税收或大幅削减服务才可持续下去，不然将导致更为沉重的财政负担和更加难以获得的医疗服务。

六、爱尔兰未来的发展方向

为了解决目前两级医疗体系效率不高、覆盖面不足和可持续性等问题，爱尔兰政府计划于 2019 年推出全民健康保险（Universal Health Insurance，以下简称 UHI）。这是一项新的医疗保险制度，和过去不同的是，这种制度通过消除爱尔兰目前的两级医疗体系，并在其基础上创建一种将公共系统和私人系统融合在一起的单层医疗服务体系，将使医疗服务更加公平，也更加负担得起。

世界上许多最好的医疗保健服务都是建立在全民保险的基础之上的。根据全民健康保险计划，每个人都将拥有强制保险和他们选择的保险公司。这个计划不会对“公立”或“私立”作出区分，与现行制度不同，每个人都有权享有相同标准的一揽子医疗服务。换句话说，治疗将基于医疗需求，而不是个人的支付能力。

虽然建立在与私立保险公司合作的基础上，但国家的作用仍然至关重要。国家将支付医疗卡的费用，并为其他收入较低的人提供保险补贴，它还将在规范卫生系统、保护患者安全以及确保控制成本方面发挥关键作用。

全民健康保险的筹资主体为个人、企业和政府。个人将保费支付给保险公司，形成保费收入，保险公司将为提供的医疗服务签订合同。保费收入还将由目前的共同支付体系作为补充。政府可为某些服务设定最低或最高的共同付款水平。国家将利用一般税收为全民健康保险体系内的相当一部分成本提供资金，同时直接资助未纳入全民健康保险计划的医疗服务。

爱尔兰政府明确表示，全民健康保险的成本不能超过它将取代的两级体系，而且不会要求任何更高的税收。从长远来看，如果全民健康保险管理得当，实际上这种单层的系统应比目前效率低下的双层次系统有更低的成本。完整的全民健康计划将在 2019 年推出，目前要给出未来 5 年个人保费的准确数字是不可能的，但是如果全民健康计划放在 2013 年实施，则有可能得出以下一些结论：2013 年，扣除政府补贴，个人缴纳的私人健康保险费平均为 920 欧元，如果全民健康保险在 2013 年投入运营，计划中的内容全部到位，则收取的平均保费会比 920 欧元更低。国家将为这些人支付医疗卡的费用，并为低收入者提供补贴，每个人也都有权在服务点获得免费的全科医疗护理服务。保险公司也可以向愿意接受免赔额的个人提供更低的保费，例如，一些年轻人很有可能会选择支付较低的保费，但作为回报，他们将同意在需要的时候直接支付部分医疗费用。

七、对中国的借鉴意义

鉴于爱尔兰医疗保障体系的特点、问题和解决措施，对于我们国家而言，有以下几点值得学习和借鉴。

（一）坚持医保的全民覆盖

基本医疗保险覆盖率的快速提高，在很大程度上使医疗保险安全网更好地发挥了作用，有效地缓冲了疾病可能给个人和家庭带来的影响和冲击。不断扩大医保的覆盖面，最终实现医保的全民覆盖，首先要确保医疗保障制度的政策惠及全民。我国通过城乡居民医保以及职工基本医疗保险已经实现政策层面的全覆盖，接下来就是要切实实现覆盖率。首先，相关部门要积极宣传政策，不断提高用人单位、职工以及居民的参保意识，帮助其了解医疗保障的必要性。其次，组织相关部门稽核参保情况，核实参保单位是否如实申报参保人数和缴费基数，排除少报、漏报等现象。最后，优化医保的经办流程，提高服务的效率和质量。

（二）加强基层医疗网络的建设

在全民医保的基础上，要加强基层医疗网络的建设。首先要保证充足的医疗服务供给，从设施、服务、人才等方面着手，加强医疗基础设施建设，强化基层医生队伍的建设，完善医疗卫生人才队伍的薪资待遇体系，并配套相应的监管措施，增加目前医疗服务的高质量供给。其次要保证医疗服务的可及性，通过基层医疗服务机构的建设，解决居民"看病难"的问题，让每一位居民都能方便可及地获得医疗服务。加强社区医院、乡村医院的建设，形成地理位置维度上的基层医疗网络，让医疗服务能够惠及每一个地区。

（三）落实医疗分级制度

在基层医疗网络形成的基础上，落实医疗分级制度。首先要保证基层医疗服务的质量，提高国民对于基层医疗的信任感，改善目前只要患病就找"大医院"的现状。形成良好的分流，对于一般的常规性的疾病治疗，寻求基层医疗服务机构的帮助，对于大病或疑难杂症，再去"大医院"进行就医。事实上，我国一些高校就实行了转诊制度。学生生病先在学校医务中心进行治疗，在校医进行初步诊断后，再决定是否转诊。这样，一方面，患者能够在较短的时间内得到初步的诊断和治疗，提高医疗服务的效率；另一方面，各级医院能够发挥特长，使医疗资源利用得更加合理，避免医疗资源浪费的现象。

（四）深化统一的医疗体系管理

"多龙治水"将会影响政策的施行，导致政府部门间责任不清，管理成本浪费。爱尔兰政府早在 2005 年就成立了健康服务管理局，统一管理医疗事业和医疗保障等。我国的医疗体系实行的是"三医联动"模式，即"医疗、医保和医药"改革联动。提出这种模式的背景就是在改革的过程中，政府部门容易出现各自为政、本位主义等问题，无法达到较好的合作效果。在"三医联动"的指导下，下一步应当明确政府部门间的责任划分，化碎片为整体，让劲往一处使，建设更加成熟、可持续性更强、服务质量更高的医疗保障体系。

参考文献：

[1]Government of Ireland. Statistical Information on Social Welfare Services Annual Report 2017[R]. 2017.

[2]Government of Ireland. Department of Employment Affairs and Social Protection Annual Report 2017[R]. 2017.

[3]McDaid David. Health Systems in Transition Ireland: Health System Review[R]. 2009.

[4]Government of Ireland. Health in Ireland Key Trends 2018[R]. 2018.

[5]Ireland Department of Employment Affairs and Social Protection. PRSI contribution rates and user guide from 1 January 2019[R]. 2019.

[7]Ireland Department of Health. UHI Explained[R]. 2019.

[8]爱尔兰中央统计局官网，https://www. cso. ie.

[9]曹静．社会公平正义视角下的我国基本医疗保险制度改革历程分析[J]．社会保障研究，2019(1):26—32.

PUBLIC

GOVERNANCE

公共财政

REVIEW

日本财政投融资制度的发展研究

宋　宇

摘　要： 日本财政投融资的前身可以追溯到明治时期，制度的建立始于快速发展的高度经济成长时期。改革前的财政投融资制度实行的是一元化的资金管理模式，主要资金来源于邮政储蓄金及养老基金。而邮政储蓄金及养老基金会自动地、义务性地预托到一元化的资金管理中，也就是说，会自动地成为财政投融资的本金，再由此本金进行政府性的投融资活动。因此，财政投融资是一种有偿的财政政策。财政投融资制度的运转与日本的高储蓄率密不可分。然而，自 20 世纪 90 年代以来，日本进入经济低迷时期，国民储蓄率急速下降，造成了财政投融资运作的实际资金下滑。财政投融资作为国家的特别预算，是通过发行财投债(一种国债)来吸纳资金，这也是造成日本财政赤字的原因之一。同时，改革前财政投融资的义务制与特别会计的运营方式让少税负、高受益成为可能，破坏了财政学的负担受益原则。2001 年，小泉政权对邮政储蓄金及养老金的自动预托方式进行了改革，也就是邮政民营化，把义务性的预托方式改为要接受市场检验的自主运作方式，减少了财政投融资制度的国家政策性色彩，让政府性的投融资活动也要通过自由经济市场的检验。

关键词： 财政投融资　一元化的资金管理　市场化改革　财政赤字　财政错觉

在日本的高度经济成长期及其泡沫经济期间，财政投融资制度发挥了巨大的作用。可以说，财政投融资的大量吸纳与运作，加快了日本在第二次世界大战后从零开始的公共基础建设，并促进了日本的经济发展。但也正是因为财政投融资制度的确立与不断运用，通过财政投融资来投资、融资，造成了今日不可收拾的财政赤字问题。本文通过归纳财政投融资的发展历程，明确财政投融资制度的确立时期，并与日本的财政赤字问题相结合，对财政投融资的机能及作用进行解析。

文章大致分为三个部分。第一部分介绍什么是财政投融资，在归纳财政投融资发展历程的同时，将其分为三个阶段来进行分析，第一部分主要阐述前两个阶段；第二部分主

作者简介：宋宇，日本帝京大学经济学部地域经济学科讲师。专业为财政学、地方财政学、财政政策。主要研究领域为日本财政及其财政问题，特别是日本的财政赤字及其财政重建政策问题，近期致力于研究中国地方债务的相关问题。

要侧重于财政投融资的第三个阶段，也就是财政投融资的改革要点与方向；第三个部分说明为什么财政投融资是造成日本财政赤字的原因之一。

一、财政投融资制度及其发展历程

据日本财务省的官方解释，财政投融资是指不以征税的方式，而是通过发行一种国债，即财投债来吸纳资金，作为发展国家政策及公益项目的资金来源。因为只靠民间力量很难实施一些社会公共政策，国家通过财投债来进行投融资，把长期、低利息的资金供给市场，以财政投融资的方式支持大规模的超长期的项目工程。也就是说，相对于运用无偿的税收收入而言，财政投融资的运营是一种有偿的财政政策。

需要注意的是，财政本来就是政府部门即中央政府或地方政府为了改善并填补市场的失败而产生的。市场具有排他性、竞争性的特点，而市场经济的核心就是以利益为先。在市场经济制度下，容易产生贫富分化、浪费社会资源的现象，这是市场经济无可摆脱的缺陷。力图弥补这个缺陷，是财政诞生的条件之一。因此，财政本来是一种不追求利益也不应该追求利益的保障人们基本需要的公共经济。正因为我们每个人都需要基本的吃穿住行，而且具有生存的权利，所以国家通过对每个人征税来实现每个人的基本需求。那为什么又说财政投融资是一种有偿的财政政策呢？首先要了解财政投融资的资金走向及其运作方式。

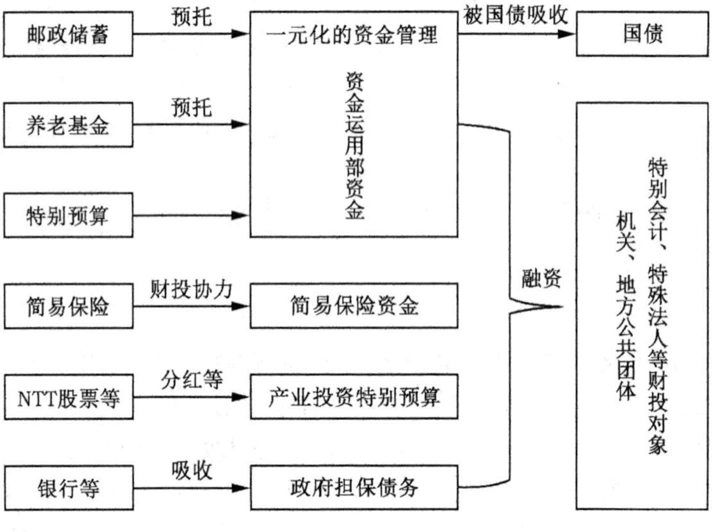

资料来源：作者根据新藤宗幸《财政投融资》(东京大学出版会 2006 年版)第 34 页的相关内容修改制作。

图 1　财政投融资的运作

从图 1 可以看到，财政投融资资金的主要来源为邮政储蓄金及养老基金。因为在 2001 年日本邮政市场化改革之前，邮局属于国营，人们把资金存入邮局，短期内不会运用这笔资金，所以国家就通过财政投融资制度来利用这笔资金进行投融资活动。比如发行国债来吸纳更多的资金，或把资金贷款给政府旗下的企业或地方公共团体（也就是地方政府）。政府旗下的企业或地方公共团体利用这笔资金来发展社会公共设施建设，比如建桥修路，开发城市基础设施建设等。

财政投融资属于特别预算，与一般预算相分离，单独进行结算。财政投资融资后得到的利润可以作为下一年的“资金运用部资金”，这样就又增加了资金的运转规模。“简易保险”是邮局发行的一种保险，这个保险金也会被自动吸纳到财政投融资的资金里进行运作。这种把邮局储蓄金或养老基金自动吸纳到财政投融资的资金运用部资金的运作被称为“预托”。再有，如果民间银行等向政府部门贷款，那么政府担保债务也会与上述资金在一起运作。图 1 所示一元化的资金管理方式是日本财政投融资多年来发展的整体框架。但其实一元化的资金管理不是在建立财政投融资制度之初就有的，而且在 2001 年的小泉政权下，日本对一元化的资金管理进行了一次重大的改革。通过表 1 可以了解日本财政投融资的整个发展历程。

表 1　财政投融资年代表

明治时代初期（1868 年前后）	准备金规则	税收以外的收入作为积累金进行储备，之后被称为准备金
1876 年		当时的财务省国债寮（1877 年 11 月改名为国债局）对准备金进行运作
1878 年		当时的财务省国债局把邮局储蓄吸纳到了运用资金之中
1885 年	准备金规则	当时的财务省将准备金法制化，并设立了准备金部
1925 年	准备金法	设立准备金资金运用委员会
第二次世界大战前后		进入战争时期，逐渐变为一种国家政策的企业，为了确保军需，把运用的重点转移到了资金供给、大陆投资等项目上。也正是因为这一转变，导致运用资产遭受严重损失
1946 年	财务省准备金部等损失特别处理法	整理准备金部的资产与负债
占领下		在 GHQ 的指导方针下，预金部资金的运用主要局限于国家和地方公共团体
1951 年	资金运用部资金法	为了战后复兴，产业界对长期资金的需求增大 ・一元化的资金管理 ・推动日益增加的公共基础建设 ・确定资金并以有利的方式进行运用
1973 年		实行对资金运用部资金及简易生命保险的积累资金的长期运用的特别措施的相关法律
1987 年	资金运用部资金法的修改	利息自由化等变化，带来了经济金融环境的发展
2001 年	财政投融资资金法	・财政投融资改革（邮局储蓄金、养老基金预托义务的废除） ・导入政策预算分析 ・彻底实施信息公开 ・在市场机制原理下进行资金运作

资料来源：作者根据日本财务省《财政投融资报告 2018》第 13 页的相关内容修改制作。

通过表 1 可以了解到，财政投融资大致可以分为三个阶段。第一阶段为截至第二次世界大战结束的原始期。其前身可以追溯到明治时期的积累金。1885 年，当时的财务省（名为大藏省）内部设立了国债局，把邮政储蓄纳入了所管辖的资金范围之内。邮政储蓄、储蓄债券买卖代准备金、复兴储蓄债券收入金准备金和特别预算金等成为财政投融资的原始资金。当时财务省内准备金部的建立让大量国家规模的原始资金得以运转，也奠定了后期财政投融资制度的建立。在第二次世界大战期间，准备金部为军需出资、投资，把国民的储蓄集中管理，解决了战争急需大量资金的问题。财政投融资的原始雏形就是这样形成的，这个雏形也为财政投融资制度的建立打下了基础。

第二阶段为一元化的资金管理时期，也就是已经阐述过的图 1 所示的财政投融资的运作途径及方式。这个时期从第二次世界大战结束后直到 2001 年的财政投融资改革，从财政投融资的制度化到发展，再从特别预算问题带来的财政投融资问题及由此进行的改革。一元化的资金管理时期是财政投融资制度发挥作用的时期，也是给国民带来实惠的时期。但在 20 世纪 90 年代初期，日本进入经济衰退期时，财政投融资也成为造成财政赤字的一个障眼法似的制度。

从图 2 中可以看出，财政投融资是在日本高度经济成长期①（1955—1970 年）得到确立并发展起来的，并在 20 世纪 90 年代达到高峰，但从 2001 年开始急速下降并保持在一定的水平。第二次世界大战结束后，日本受美国 GHQ 的统治，1953 年在 GHQ 的引导下把财政投融资制度化，从此财政投融资走向了正轨，并不断地进行投融资活动。通过图 2 也可以看出财政投融资与储蓄率的关系，财政投融资的资金来源主要依赖于邮政储蓄金，所以储蓄率的高低直接影响到财政投融资的资金运作。可以看出，两者之间存在着此高彼涨的正的数值关系。

那么，财政投融资的资金被用到了什么地方了呢？通过图 3 可以了解到随着年代的推移财政投融资的投融资方向与投融资项目的变化。进入 20 世纪 60 年代后期，财政投融资的资金从基础产业与生活基础部门转向以住宅、生活环境设备、道路、中小企业为主的直接与国民生活相关的部门。1974 年，资金运用部把财政投融资计划列为计划外资金，以财投债的方式填补了一般预算的不足，从此财政投融资就不断地补贴一般财政支出的空缺，在财政投融资作用不断强化的同时，也弥补了一般公共预算的财政收支的不平衡问题。

从图 2 还可以看出，20 世纪 80 年代中期以后，财政投融资的实际投融资资金得到了飞跃性的增加与发展，大多投资在公共事业项目上。这也是日本在 20 世纪 80 年代大量开展公共事业项目，使得公共事业支出在财政支出中一直占较大比例的原因。与此同时，财政投融资制度的“政治化”②也是把财政投融资推向高潮的原因之一。财政投融资的资金被国债及地方债大量吸收。据日本的《国家预算》资料显示，1980 年通过地方债吸纳的运用部资金和简保资金为 3 兆日元，而到了 1995 年此数额达到了 7 兆日元。也就是说，通过

---

① 1955—1957 年被称为神武经济时期，1958—1961 年被称为岩户经济时期，1965—1970 年为伊奘诺经济时期。

② 也就是通过国家政策有意地、人为地给财政投融资的运作制造良好的条件。详细论述可参照井手英策的《日本财政的现代史Ⅰ》（有斐阁 2014 年版）。

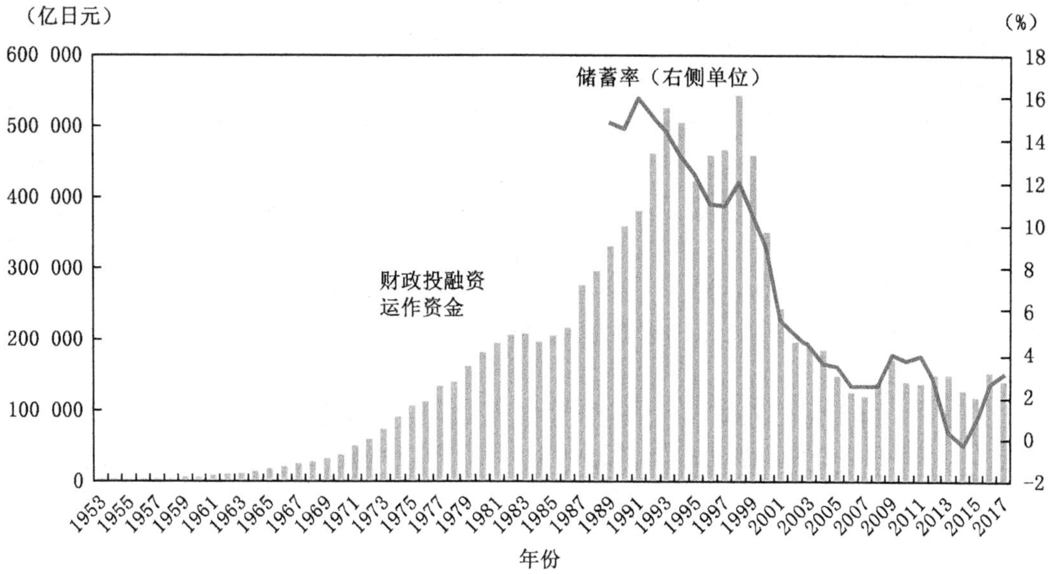

资料来源：日本财务省《财政金融投融资月报》第 256 号、第 723 号、第 797 号。

图 2　财政投融资实际的运作资金与储蓄率的推移

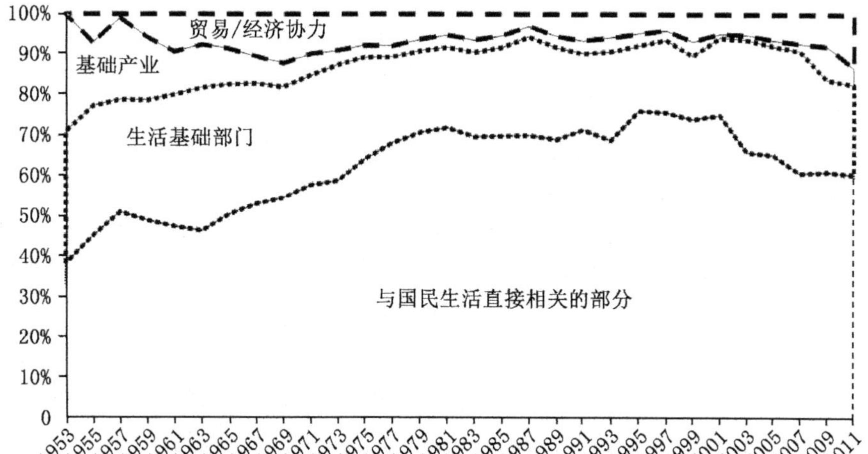

注："与国民生活直接相关的部分"由住宅、生活环境设备、后生福祉设施、文教设施、中小企业以及农林渔业构成。

资料来源：作者根据日本财务省《财政金融统计月报》各年版、总务省的长期统计资料制作。

图 3　财政投融资用途分类构成比的推移

推行国债和地方债来有意识地推进投融资资金的流动与运转，以达到带动经济发展的目的。但在 20 世纪 90 年代初期，日本泡沫经济崩溃，经济进入低迷时期。作为一种经济政策，政府实施了超低利息的金融政策。这个超低利息政策使民间银行的储备金流向邮政储蓄，但同时也把政府类金融机关的借贷资金的利率拉低了。结果在1995年，财政投融资的实际金额对前一年比为－16.2%。

综上所述，财政投融资在国家需要社会资本与基础建设期间发挥了巨大的作用，也有效地促进了日本的经济发展。大量的基础建设与投资在给国民及市场运作带来方便的同时，也增加了就业，使得国民收入得到了提高，企业有了利润，也就促进了后续投资与发展，更稳固了自民党统治的政治需要。可以说，财政投融资的注入让人们看到了公共基础建设的相乘效应，也正是因为这个效应在日本经济高度发展时期得到了证明，让日本一直信奉公共事业建设支出所带来的经济效应，成为发达国家公共基础建设投资居高不下的国家①。

但是随着时代的变迁以及日本经济的变化，财政投融资制度及其运作的问题不断显现出来，2001年开始执政的小泉纯一郎对此进行了彻底的改革。以下将对此次改革的内容、意义以及今后的发展方向进行分析讨论。

二、小泉政权下的财政投融资改革

前面阐述了财政投融资的前两个发展阶段，本部分主要介绍第三个阶段的改革期并对其作简要的分析。2001年，作为日本的第87代首相，小泉纯一郎开始执政。小泉纯一郎期间对日本政治经济等领域进行了大胆的改革，财政投融资的制度改革就是其中之一。

通过图4可以看出，作为财政投融资主要资金来源的邮政储蓄金和养老基金，从原来的"预托"（见图1）变成了"自主运作"，这意味着邮政储蓄里的资金与养老金不能像改革前一样自动地转移到一元化的资金管理体制中，如果要成为财政投融资资金，必须要通过自主运营的方式进行集资。换句话说，资金运用部的资金预托义务被废除了，建立了自由的以市场为主导的集资方式。同时，对运用财政投资的财政投融资机关进行了整改，以辅助民间的方式，如果有需要，将通过财政投融资计划的财投债，或财政投融资计划外的财投机关债等，在市场机制下进行筹资。如果用一句话来概括这次改革的要点，就是把邮政民营化，把财政投融资推向市场，让财政投融资充分接受市场的检验与考核。

关于这次改革以及改革后财政投融资制度发挥的作用，可能现在评论还为时过早。但从对地方政府的资金调配中已经可以看出趋势，如图5所示，2001年财政投融资改革后，面向地方政府的财政投融资资金明显下降，而不在财政投融资计划内的财政投融资机关债务即财投外债的发行量在扩大。也就是说，财政投融资的改革改变了直接通过财投债来吸纳资金的方式，变成了通过财投外债也就是民间资金来进行大量集资。这是否能带动民间的经济发展，使得更多的民间资金投入市场，从而带动经济发展，还不确定。但在改革后的2004—2007年期间，日本的经济上扬，被誉为"超越伊弉诺时期的经济"，与其投资环境的改善密切相关。重点在于财投外债与财投债不同，它没有政府做担保，完全依

---

① 日本的公共事业建设支出在发达国家中一直处于高水平。据OECD数据显示，在日本的一般政府（中央政府、地方政府和社会保障资金）中，公共事业建设支出占GDP的6.6%（1996年），在发达国家中居首位。进入21世纪以后，因财政重建政策的实施有所减少，2016年该数值为3.6%，终于降到了发达国家的一般水平。

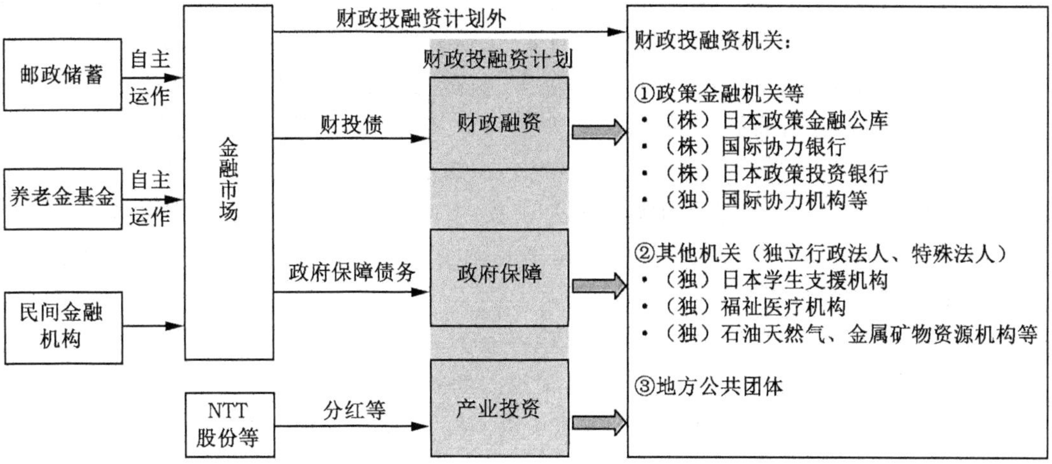

资料来源：作者根据日本财务省《财政投融资报告 2018》的相关资料制作。

图 4　财政投融资改革后的运作方式

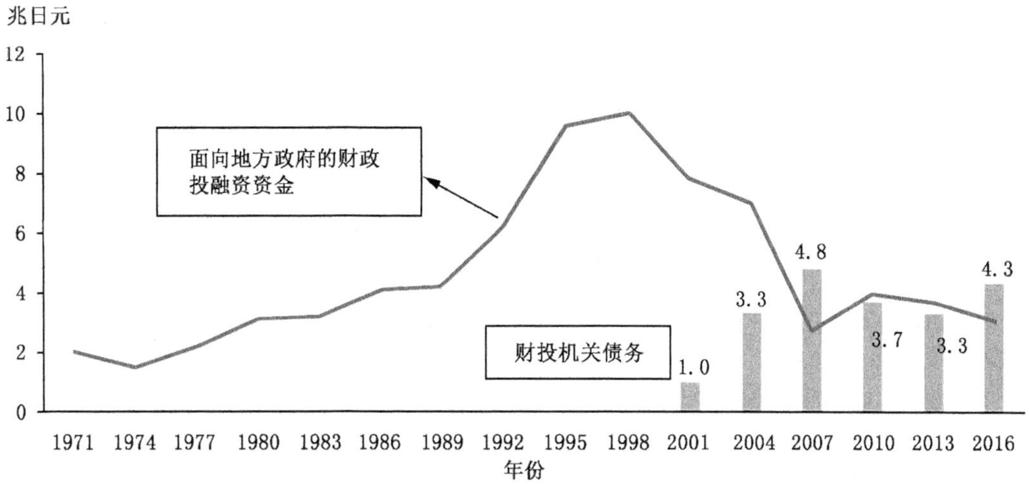

资料来源：日本财务省《债务管理报告》各年版。

图 5　对地方政府的财政投融资与财政投融资机关债务的发行状况

靠财投机关的经营状况及信誉来接受市场的检验。

三、财政投融资与日本的财政赤字

本文的引言中已经提到过财政投融资的发展是日本财政赤字问题恶化的原因之一。本部分将阐述两者之间的关系与逻辑。

首先，要了解发达国家财政赤字的概念。财政本身始于资本主义经济的原始发达国家英国，在后劲发达国家德国得到发展，而在日本，财政的诞生始于明治时期。财政实际上是弥补市场经济的产物。前面已经阐述过市场具有排他性、竞争性的特质，相对于此，社会需要无排他性、无竞争性特质的财政来弥补市场的缺陷。与此同时，因为财政是满足每个社会成员的基本需要的，所以以向每个社会成员征税的方式来提供公共服务，也就注定了财政本身需要民主化，发达国家把此称为“财政民主主义”。也就是说，征税或提供社会服务，与怎么征税，要征什么税，需要哪些社会服务，为此要提供多少投入，名义上都是需要民主决定的，因为每个社会成员都有纳税，在法定年龄的要求下都有投上一票或不投这一票的权利。所以说，财政的主要来源是税收，财政法中明文规定原则上财政支出不能以发行债务来填补。财政收入中除极少量的行政费用外一般为税收收入，但当这个税收收入少于财政支出时，就会产生财政赤字。

财政法中的例外条例又说明，产生财政赤字时可以通过发行建设国债来填补。相对应的赤字国债在财政法中是不被容许的，但通过特别国会的特别立法，也是可以实施的。建设国债和赤字国债的区别对待源于国债集资费用的用途。因为建设国债用于基础设施建设，建设起来的房屋、道路大约可维持 50 年，不仅发行建设国债时期的国民受益，而且之后的国民也就是子孙后代也将受益。根据受益原则，未来世代的国民承担建设国债的还款是可以理解的。可赤字国债不一样，赤字国债不用于基础设施建设，完全是为了满足现在国民的一般开支需求。发行赤字国债也就意味着通过透支下一代的钱来满足这一代的需要，就会引发世代间负担不平衡的问题。

然而，不管建设国债还是赤字国债都是债务，并需要偿还，同时，需要偿还的债务越多，就越影响其他正常的财政支出。根据 2017 年度的财政决算，日本的总债务率为 197%，债务积累额为 1.077 兆日元，这个数值从 20 世纪 90 年代中期开始扩大至今。

实际上造成日本财政赤字的原因是多方面的，比如经济不景气所带来的税收减少是短期的经济原因，再如因为日本少子①、老龄化问题严重，从而带来巨大的社会保障费用支出，这属于社会构造的原因，社会构造原因是不能因为经济状况的改善而改变的。这里要提及的财政投融资则是造成财政赤字的一个政策性的原因，也可以说是政府实施的财政政策所带来的后果。

日本的财政预算决算分为一般会计与特别会计。一般会计是指一般公共预算，即财政收入的大部分为税收，财政支出的大部分为一般开支。特别会计是指国家所指定的特别事业，对这些事业单独进行结算，采取与一般会计区别开来的会计方式。财政投融资属于特别会计范畴。财政投融资虽是一个独立的范畴，但其运作让国民以少量的税负享受到超出税收的公共服务，让国民觉得不承担税也可以获得一定的公共服务，从而造成“财政错觉”。

在日本的高度经济成长期，当时的首相池田勇人实施了《国民收入倍增计划》。为了提高国民的生活水平，减少农业与非农业、大型企业与中小企业、地域与地域之间、高收入人群与低收入人群的差距，大量开发土木等基础设施建设。上述差距的缩小成为计划中的主要方针政策。与此同时，1962 年 10 月，日本政府以标榜“减少地域间差距”为名，大量开展道路、铁路、港湾等公共交通以及家庭用水、工业用水等基础设施建设，把公共政策的

---

① 这是指出生率低的社会问题。

重心放到开发公共投资的基础建设上。国家性、地方性基础建设的大量实施给人们带来了就业及可观的收入，同时也缩小了以东京、大阪、名古屋为中心的三大都市圈与其他地域之间的差距。20世纪60年代前期，大量的劳动力从农村流向三大都市圈，可在70年代初期，这种流动现象开始减少，很多人选择在大城市以外的地方生活。每天坐电车、地铁、新干线到大城市上班的"在家型"生活工作方式代替了一边倒的大城市生活。这种方式可能基于国家对基础设施的大力开发与建设，这也是之前阐述的日本在发达国家中公共基础建设支出居高不下的原因。换句话说，国家的经济政策、财政政策有意趋向于公共基础建设的投资，是一种政策性的诱导。

公共基础设施的建设需要财政的资金支持，大多数发达国家在这个时候会选择增税来提高公共服务。因为根据财政学理论，赋税要与受益相结合。但日本利用了当时的高储蓄率来运作财政投融资(见图2)，填补了发展公共基础建设的资金空缺，通过对国民发行国债来吸纳资金的方式进行资金运用。这样就让国民忽视了负担与受益的对等关系，也让国民觉得即使缴纳少量的税也可以得到需要的公共服务。这种现象在财政学中被称为"财政错觉"。

从图6中可以看出，日本大量发行国债的时期与财政投融资的高速运转时期(见图2)相吻合，当时的高储蓄率也给财政投融资提供了一定的资金基础，本文第一部分已经介绍了财政投融资的主要资金来源是邮政储蓄金，也就是说政府利用了当时日本高储蓄的特点，通过财政投融资制度吸纳了国民的邮政储蓄资金，再通过投融资来扩大财政投融资的本金，在特殊会计中进行预决算，必要时一部分资金会注入一般会计的账目中。

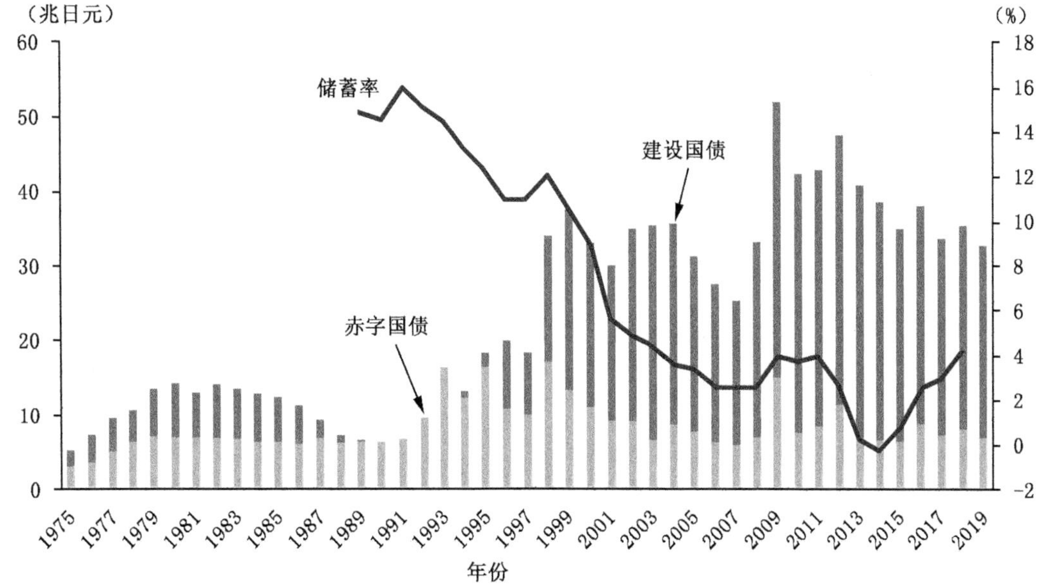

资料来源：作者根据日本财务省《债务管理报告2019》第166页内容绘制。

图6 日本债务发行量与储蓄率的推移

但进入21世纪以后，日本的国民储蓄率明显下降，财政投融资的资金来源本身受到了阻碍，加上特殊会计的运作不像一般会计那样透明，这些都是2001年财政投融资制度改革的背景原因。财政投融资制度的市场化改革与特别会计的清理整改，使得一般预算中的税收不足越发明显。人们意识到财政赤字的根本原因其实并不在于日本长时间的经济不景气，而是征税制度与税收改革的政策性失误与时代发展带来的社会保障需求增加之间出现了严重的资金不足。也就是说，根本原因在于税收减少与不断增大的财政支出所带来的落差。其中，在改革前的财政投融资制度中，邮政储蓄的义务预托方式掩盖了低税收、高受益所带来的财政赤字的根源，也正是财政投融资的注入让政策性减税的税收改革成为可能。

参考文献：

[1]大藏省财政史室．昭和财政史——昭和27—48年度(第8卷)财政投融资[M]. 东洋经济新报社，2000.

[2]斎藤徹郎，白石博之，森田好則．图解财政投融资[M]. 东洋经济新报社，1992.

[3]新藤宗幸．财政投融资[M]. 东京：东京大学出版会，2006.

[4]宋宇，井手英策．战后财政投融资的机能与局限[M]//井手英策．日本财政的现代史Ⅰ．有斐阁，2014.

[5]吉田和男，小西砂千夫．转换期的财政投融资[M]. 有斐阁，1996.

[6]日本财务省理财局．财政投融资报告2018[M/OL].[2019—03—4]. https://www.mof.go.jp/filp/publication/filp_report/zaito2018/pdf/filp2018.pdf.

[7]日本财务省官方网站，https://www.mof.go.jp/.

[8]日本财务省．财政金融投融资月报[R].

[9]日本财务省．债务管理报告2019[R].

[10]日本财务省．财政金融统计月报[R].

从中央政府的地区财力平衡措施到地方政府的互联网众筹工具

——日本故乡税简介及启示

宋健敏

摘　要： 20世纪日本所采取的中央集权式财政体制，尤其是中央转移支付制度，在平衡地区间财力方面发挥了巨大作用，但90年代之后已经难以为继。2008年日本实施了故乡税制度，旨在通过纳税人的纳税意愿表达来缓解地区间财力差距。虽然这一制度是以个人为核心的地区间财源流动措施，是去集权化改革的体现，但制度初衷所反映的仍然是中央政府平衡财力的愿望。制度实施十多年来，故乡税在平衡财力方面效果甚微，但它显现出的“互联网众筹”功能却促进了地方政府间的竞争，并推动了一些偏僻地区的经济社会发展。因此，我们得到的启示是，平衡地区间财力固然必要，但更加重要的是，要通过制度设计促进地方政府依靠自身努力来挖掘本地特色，以自身特色吸引财源来发展地方经济和提升本地社会文化的活力，只有这样，才能从根本上缓解偏僻地区财力不足问题。

关键词： 地方税　捐赠　故乡税　众筹　转移支付

前言

如何平衡地区间财政收入差距，是绝大多数国家都面临的难题。日本从20个世纪五六十年代起，通过实施包括地方交付税在内的一系列财政转移支付制度，在很大程度上缓解了这一问题，并实现了基本公共服务全国均等化的目标。[①]但是，这些制度措施都具有明显的中央集权特征，其弊病是容易造成地方政府过度依赖中央财政而失去活力，一旦形成恶性循环，必将导致整个国家财政不堪重负。90年代之后，长期低迷甚至负增长的日本经济、急剧少子高龄化的人口结构造成日本政府债台高筑，以中央为核心进行平衡地区间财力的制度已经难以为继，同时，也为了顺应当时风靡全球的分权化潮流，日本政府实行了一系列地方分权改革，并于2008年推出了以个人为核心的地区间财力平衡措施，即故乡税制度。本文通过对故乡税制度的内容及其实施效果的介绍，结合近期我国财政转移支

作者简介：宋健敏，上海财经大学公共经济与管理学院副教授。

① 如1990年日本地方财政白皮书显示，尽管当年大城市的地方税人均税收收入是农村（町村）人均地方税税收收入的两倍甚至以上，但是人均财政支出尤其是涉及基本公共服务的人均财政支出相差无几。详见日本总务省官方网站资料，http://www.soumu.go.jp/menu_seisaku/hakusyo/pdf/chihou/h02.pdf，2017－02－02。

付制度改革问题来思考其对我国的借鉴意义。

一、日本故乡税制度简介

故乡税并不是一般意义上的税目名称，而是纳税人自行选择向各个地方自治体①进行的捐赠。目前故乡税制度规定，以故乡税名义进行的捐赠，原则上在一定限度内只需捐赠人负担 2 000 日元，其余捐赠金额均以税收返还形式归还给纳税人。由于税收返还是按个人所得税和个人住民税的一定比例实施的，所以我们先了解一下日本个人所得税和个人住民税的基本内容。日本个人所得税基本上采取源泉征收，是一项超额累进式的中央税，边际税率为 0～40%；地方住民税则是个人向其居住的地方政府缴纳的地方税，分定额②和比例两个部分，其中比例部分与个人所得税税基相同，税率为 10%③。这里我们可以看出，这两种名称不同的税，从个人角度来看都是从个人收入中直接扣除，都是针对个人所得进行的源泉征税，只是地方住民税的征收主体是纳税人所居住的地方自治体。

在初步了解了日本个人所得税和地方住民税之后，就比较容易理解故乡税的制度设计。笼统地说，就是个人如果向居住地以外的其他地方自治体，以故乡税的名义进行 2 000 日元以上的捐赠，则在下一个年度可以分别从所得税及地方税中获得一定限度内的税收返还。

图 1 简单描述了一定限额内的故乡税纳税额在扣除 2 000 日元后返还于个人的情况，即在故乡税纳税金额中，除了个人负担 2 000 日元外，其他金额均可从所得税和地方税中得以返还。这里我们通过举例来看税收返还的结构。假定居住在 A 市的甲，2016 年从年收入 700 万日元中向 A 市以外的其他地方自治体 B 町捐赠了 3 万日元，那么 2017 年他可以从中央财政的所得税中得到返还 5 600 日元，从 A 市地方税中得到返还 22 400 日元，他自己实际负担 2 000 日元。具体来说：

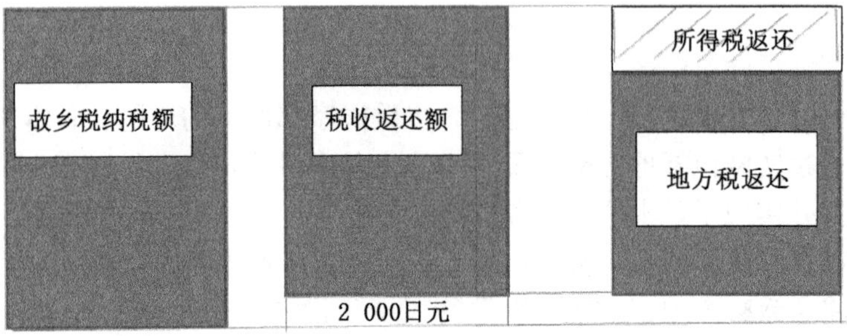

资料来源：根据日本总务省资料制作，http://www.soumu.go.jp/main_sosiki/jichi_zeisei/czaisei/czaisei_seido/furusato/mechanism/deduction.html，2017－02－03。

图 1　故乡税结构示意图

---

① 日本实施地方自治制度。地方自治体是指 47 个都道府县和 1 718 个市町村，后者被称作基础地方自治体。

② 现在都道府县和市町村两项加总后的定额部分，人均为 5 000 日元，其中 1 000 日元是日本东大地震特别税。

③ 法定税率为都道府县税 4%，市町村税 6%，但有些地方自治体因财政状况需要，经审批可设定高于法定税率的地方税率。

(1)因捐赠 3 万日元中,除了 2 000 日元自己负担外,28 000 日元可以作税前扣除[①],而年收入 700 万日元的边际税率为 20%,所以这一捐赠为其节税 5 600 日元,即 28 000 日元×20%。

(2)税基减少 28 000 日元后,甲向 A 市按比例缴纳的地方税部分也可减少 2 800 日元,即 28 000 日元×10%。

(3)剩余的 19 600 日元则按照故乡税制度的规定,从甲向 A 市缴纳的地方税中全额得以返还。但是,这里设有返还上限,为当年纳税人缴纳地方税中比例部分的 20%。也就是说,若纳税人在其应纳地方税税额的 20%以内捐赠故乡税,则都可以在下一年度的地方税中得以返还。

上述(1)和(2)的税前扣除,实际上是一项许多国家都有的公益捐赠税收抵扣制度,在日本也早就存在,只是抵扣门槛很高。但是,与其他捐赠税收抵扣制度不同,故乡税制度将税前扣除起点定在 2 000 日元,因而使得捐赠人个人的实际负担大大减轻,几乎可以忽略不计,也就让这一制度的个人捐赠色彩淡化。同时,上述第(3)项的内容让故乡税制度的设计更加有了新意,成为一种新型的平衡地区间财力的转移支付方式。具体来说,就是将 A 市的税收转移至 B 町,即将本来甲应该向其居住地 A 市缴纳的住民税,通过向 B 町的捐赠(缴纳故乡税)以及 A 市向甲的税收返还完成了转移支付功能。这种新型的平衡地区间财力的转移支付方式,我们把它叫作“以个人为核心的地区间财力平衡措施”。很显然,这项制度的设计目标是促进地方间的财力流动,但主导流动的不是政府,而是个人。

对于故乡税制度的内容,需要进一步说明的是:第一,纳税人在选择捐赠对象时,不受地点和数量的限制,可以是一个地方自治体,也可以是多个地方自治体;第二,纳税人不仅可以自由选择地方自治体,而且还可以指定捐赠用途;第三,地方自治体是否执行故乡税制度也完全由当地政府自行决定;第四,被捐赠的地方自治体可以用当地特产作为礼品向捐赠人表示谢意;第五,对因故乡税税收返还而造成地方税收入减少的地方自治体,中央政府给予减收部分 75%的财政补贴。

故乡税制度虽然在 2008 年正式实施,但最初几年并没有引起太多的关注。从 2014 年开始,利用故乡税制度的人数和纳税金额呈现爆发式的增长。据总务省相关调查显示,2015 年纳税金额与人数分别为 2014 年的 5.4 倍和 3 倍,是制度实施第一个年度的 20 多倍,参加人数从 2008 年的 3.3 万多人猛增至约 130 万人;2017 年全年故乡税金额远超 3 600 亿日元。[②] 故乡税不是一项强制性的征税政策,为什么会出现这样踊跃的纳税盛况?我们在介绍制度成立的背景之后来分析这一问题。

二、故乡税产生的背景和制度功能变化

(一)故乡税产生的背景

故乡税制度产生的大背景是日本于 20 世纪末开始的地方分权改革,而为了了解地方

---

① 这是根据日本既有的公益捐赠税收优惠政策,年收入 40%以内的公益捐赠可以税前扣除;但“故乡税”制度规定其中 2 000 日元不作扣除。

② 数据来源于日本总务省官方网站相关资料,http://www.soumu.go.jp/main_sosiki/jichi_zeisei/czaisei/czaisei_seido/furusato/file/report20160802.pdf,2019—05—08。

分权改革，我们需要追溯到日本地方自治制度和地方财政制度。众所周知，日本在明治维新时期就开启了地方自治制度，并以颁布《地方税规则》为标志，建立了初步统一的地方财政制度。当时的地方财政有两个重要特点：第一，地方税源过分依托中央税(国税)；第二，中央事权过度下移地方，地方自治体实际上承担着大量中央政府下属机构的职能。地方财政制度是地方自治制度的基础，很明显，日本明治维新时期的地方自治制度只能被称为"中央集权下的地方自治制度"①。这样的中央集权财政体制也成为日后建立帝国主义侵略体制的重要基础。

第二次世界大战后，美国为了向日本移植其民主制度，专门派遣了财政专家夏普等来协助重建财政体制，形成著名的《夏普劝告》(*Report on Japanese Taxation by the Shoup Misson*)。报告尤其强调日本需要通过设置具有自主财源的地方财政体制来建立真正的地方自治制度。然而，尽管战后日本财政制度在很大程度上借鉴了《夏普劝告》，但中央集权的体质却通过巧妙的机制②设计，即中央政府紧紧掌握财源，通过中央转移支付制度来平衡地区间财力差距的体制，被根深蒂固地保留下来。因此，"外壳自治，内芯集权"依然是战后日本财政体制的重要特征。

与战前不同的是，战后日本中央政府将大量财源用于基础设施重建、公共服务均等化等民生领域，并取得了世界瞩目的成就。不过，集权财政体制所带来的弊病也随着社会经济环境的变化而日益显现。除了集权体制导致权力腐败③之外，集权式决策留下的很多隐患都集中体现在以中央财源为依托的转移支付制度中。首先，集权体制下公共产品的供给由远离居民的中央政府决定，虽然容易达成均等化的目标，但同时也会造成公共产品供与需的脱节，自上而下的决策过程容易诱发"财政幻觉"，削弱财政的自律性，留下大量债务；其次，集权式供给意味着居民对公共产品的选择机会减少甚至失去，也就意味着地方政府可以仰仗中央政府而无需自主创新，长此以往必然弱化公共产品供给的竞争机制；最后，针对这些问题，20 世纪 80 年代就有学者提出必须通过改革日本财政体制来建立真正的地方自治制度。90 年代以及进入 21 世纪后，以桥本首相、小泉首相为代表的多位政治家更是积极推动各项改革，其目标就是要构建符合真正地方自治的、具有地方财政自主权的制度。尤其是 2003 年，日本启动了伴随财源转移而同时进行的针对国库负担金、地方交付税制度的全面改革，即"三位一体"改革。改革的核心就是大幅度废除、缩减各项国库支付金并减少地方交付税的总额。所谓"国库支付金"，实际上就是中央向地方的专项转移支付，而地方交付税就是一般转移支付。也就是说，这些改革让地方财政背靠中央财政"大树"不再好乘凉。这些改革措施在一定程度上实现了中央对地方的财源转移以及财权的分散，但很多地方政府(地方自治体)长期以来形成的依赖体质无法及时改变。与此同时，随着人口向大城市集中以及高龄化、经济全球化导致的地方制造业空洞化等原因，偏僻地区自身的造血功能衰退，日本地区间财力差距问题日益凸显。故乡税就是在这样的

---

① 也有日本学者称之为"民主的中央集权"。请参见重森晓：《現代地方財政論の展望》，见池上淳等编《二十一世紀の政治経済学》，有斐阁 1991 年版，第 116 页。

② 简单来说，就是中央财政集中财源后通过转移支付制度来平衡地区间财力的机制。

③ 最著名的有前首相田中角荣事件、副首相金丸信事件等贪污腐败案。

背景下产生的。

（二）故乡税制度功能演变

1. 中央政府平衡财力措施的初衷

为了缓解上述地区间财力差距不断扩大的趋势，有人主张完善传统的转移支付制度，尤其需要重新扩大地方交付税的总额[①]；而更多意见则认为要坚持财政分权方向，通过税源转移来促进地方财政的自主性[②]。虽然意见有分歧之处，但形成的共识是，需要立即采取措施来平衡地区间财力。于是，2006年，一种非集权式的财力平衡措施——通过税额返还来鼓励大城市居民向其故乡所在地方自治体进行捐赠，即故乡税的构想应运而生。[③] 2007年，中央政府正式成立故乡税研究会[④]，并着手将这一想法具体化为正式制度文件。

2. 纳税人公共产品的意愿表达工具的演变

故乡税研究会经过十次集中研讨，尤其听取了作为大城市代表的首都圈地方自治体首长和偏僻地区地方自治体首长的意见，最后于2007年10月发布了《故乡税研究会报告书》，并将其内容纳入2008年的地方税法修正案，由此正式建立了故乡税制度。[⑤] 经过对故乡税研究会十次会议记录以及《故乡税研究会报告书》的分析，我们发现，故乡税从酝酿到正式制度成立，其宗旨已经发生了明显的变化，即从单纯的财力转移措施，变为兼顾纳税人公共产品意愿表达的工具。由于纳税人向故乡进行的捐赠在一定额度内可以从其住民税中得以全额返还，因此，事实上是税收收入在微观层面实现了横向转移。值得关注的是，故乡税研究会对故乡的定义进行了深入讨论后[⑥]，最终在制度上没有明确限定。因此，纳税人（捐赠人）可以自由选择故乡税的捐赠对象；同时，对于地方自治体是否实施这一制度、成为被捐赠的对象也没有限定。[⑦] 很显然，“故乡”定义的非限定措施淡化了故乡税制度的财力平衡功能，却增添了纳税人公共产品意愿表达工具的功能。纳税人在选择捐赠地方以及用途上可以完全自主决定。从实施近十年的状况来看，获得故乡税捐赠的既有偏远农村项目，也有首都圈内的都市项目。

3. 承载了地方政府互联网众筹的功能

图2和表1是故乡税制度实施后各年度纳税金额、税收返还金额以及参与制度人数的变化情况。从中可以看到，2008年、2009年以及2010年无论是金额还是人数都非常少，

① 如神野誠司：《地方税の時代》，《地方税》59卷2号，第6頁。

② 日本税制调查会关于税制改革方针的报告《抜本的な税制改革に向けた基本的な考え方》中有比较详细的归纳。http://www.cao.go.jp/zeicho/tosin/pdf/191120a.pdf，2017－02－04 。

③ 故乡税概念提出者的理由十分简单明了：离开故乡到大城市工作的纳税人，其基础教育等孩提时享受的公共服务行政成本由故乡承担，但成人后却将地方税缴纳给现在居住地。具体请见加藤慶一：「ふるさと納税の現状と課題－九州における現地調査を踏まえて」，『レ ファレンス』平成22年2月号，第119—130页。

④ 故乡税研究会由财税专家、不同类型的地方自治体首长以及各相关政策制定部门的官员组成。

⑤ 具体详见日本总务省官方网页上的故乡税相关资料，http://www.soumu.go.jp/main_sosiki/kenkyu/furusato_tax/，2017－02－04。

⑥ 在讨论过程中，有人认为，从受益负担均衡的角度定义故乡，如果一个人到高中为止生活在几个不同的地方，那么无论是个人还是行政手续，判断故乡都是非常复杂的。也有人认为，故乡也许就是人们内心对某地的留念之情。

⑦ 由于故乡税制度是一项双向自愿参与的政策，因此，无论是纳税人还是地方自治体都可以选择不参与。事实上，至今还有一些地方自治体没有实施这一制度。

2011 年猛增之后，2012 年和 2013 年又明显回落(具体数据请见表 1)，直到 2014 年尤其是 2015 年才再次出现跳跃式增长。

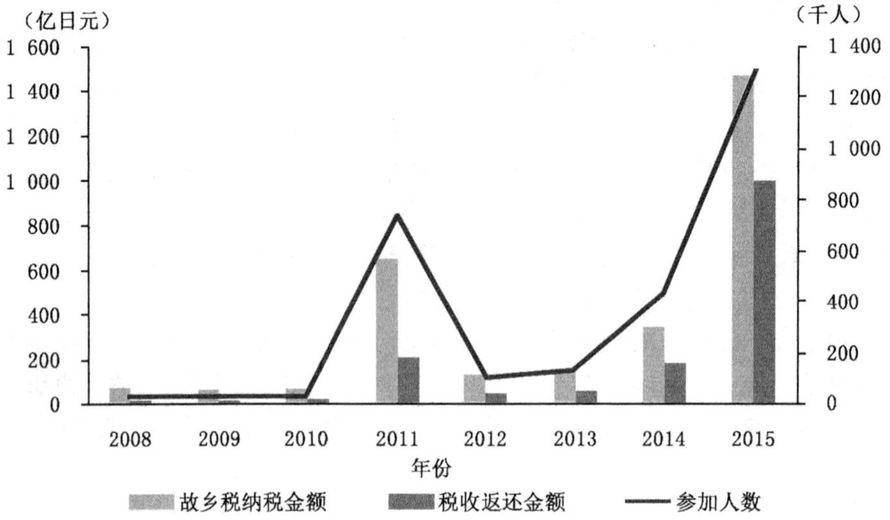

资料来源：根据日本总务省资料制作，http://www.soumu.go.jp/main_sosiki/jichi_zeisei/czaisei/czaisei_seido/furusato/file/report20160802.pdf，2017—02—08。

图 2 各年度故乡税制度实施状况

表 1 各年度故乡税实施状况

	2008 年	2009 年	2010 年	2011 年	2012 年	2013 年	2014 年	2015 年
故乡税纳税金额	72.6	65.5	67.1	649.1	130.1	141.9	341.1	1 470.00
税收返还金额	18.9	18.1	20.4	210.2	45.3	60.6	184.2	998.5
参加人数	33.1	33.1	33.5	741.7	106.4	133.9	435.7	1 295.30

资料来源：根据日本总务省资料制作，http://www.soumu.go.jp/main_sosiki/jichi_zeisei/czaisei/czaisei_seido/furusato/file/report20160802.pdf，2017—02—08。

2011 年故乡税相关数据大幅增加的背景是“3・11 东日本大地震”。作为一项实质为捐赠税收优惠的制度，故乡税享受优惠的门槛非常低。一般的捐赠税收优惠制度规定，年捐赠额在 10 万日元以上才能做税前扣除，而故乡税只要 2 000 日元就可享受一定限度内的捐赠额全额返还①。因此，大地震后，故乡税制度不仅分流了一部分原来利用既有税收优惠制度的高收入人群捐赠②，同时还吸引了一批普通纳税人的赈灾捐赠。东日本大地震成为提高故乡税制度知晓度的契机。2014 年日本政府又进一步规定，从 2015 年开始，将

---

① 制度初期个人负担金额为 5 000 日元，返还上限为住民税比例部分的 10%；从 2015 年起，前者为 2 000 日元，后者为 20%。

② 从这个意义上来说，故乡税制度对既有捐赠制度会产生挤出效应。

税收返还上限调整至纳税人住民比例税的 20%，并启用“网上一站式税收返还制度”[①]。由此，故乡税的捐赠金额从 2014 年到 2015 年更是出现跳跃式增长，直至 2018 年超过 4 000 亿日元。利用故乡税进行捐赠的人数和金额的增长，在微观上改善了一些地方自治体的财源状况[②]，但从宏观来看，故乡税制度在全国范围内平衡地区间财力的作用并不明显。令人意外的是，一个并非初衷的功能，即“互联网众筹”的功能却日渐清晰。

互联网众筹有三个关键要素——互联网、众、筹，而这三个要素在故乡税制度实施过程中似乎水到渠成地具备了。首先，政府在宣传以及操作程序上，几乎是将故乡税制度与互联网进行了绑定。故乡税属于日本总务省所辖事务，我们从总务省专设的故乡税门户网站上可以查阅到制度设计的初衷、制度建立的过程、制度实施的各年度状况以及典型成功案例的分析报告等资料。[③] 并且，2015 年开始推出的“网上一站式税收返还制度”更是为纳税人的参与开通了互联网通道。其次，由于故乡税参与门槛低、互联网便捷性高以及后面我们将要介绍的故乡税激励性强，因此，自觉参与纳税的人数众多。据最新统计，2017 年日本全国故乡税捐赠次数达到 17 301 584 人次。[④] 再次，如前所述，故乡税在实施过程中，并没有发挥其平衡财力的作用，却凸显出筹资的功能。下面我们对这一现象稍作详细介绍。

如前所述，对于故乡税制度中故乡的定义，本来就没有明确。纳税人可以自由选择居住地以外的捐赠对象，各自治体也可以自行决定是否参与。也就是说，制度从一开始就没有确保故乡税从城市流向农村的机制。因此，在争取故乡税的竞争中，包括大城市在内的所有地方自治体机会均等。为了吸引故乡税捐赠，有些自治体根据自身特色，设立特殊项目来获得纳税人的关注和参与。例如，东京都墨田区是著名画家葛饰北斋的出生地。北斋一生几乎都在此度过，并留下众多举世闻名的作品。为此，墨田区以“墨田北斋美术馆”立项接受故乡税捐赠，并一举成功。不仅美术馆顺利落成，而且开馆后络绎不绝的观众又带动了周边的旅游观光。再例如，还有一些风景优美的偏僻乡村，设立一些保护自然风貌的项目接受故乡税捐赠。作为回馈，安排纳税人在当地温泉旅馆数日免费食宿。这样做，既吸引了财源，也带来了人气，激活了当地经济。

除了以上述这些特色项目来吸引纳税人之外，由于故乡税制度允许各地方自治体向纳税人回赠一定限度的谢礼，因此，更多地方自治体是通过向捐赠人寄送当地土特产来获取故乡税捐赠的。地方政府争相提供各色特产回赠纳税人的做法类似组建了“团购”平台，为当地企业提供了销售渠道。事实上，目前纳税人可以在购物网站上根据土特产的分类，如牛肉、工艺品等界面来挑选捐赠对象并确定捐赠额。同时，官方调查结果也显示，拥

---

① 纳税人如果选择 5 个以内的故乡税纳税对象，那么，只要在网上填写姓名、住址以及身份号码等简单信息，退税手续均可自动生成。

② 例如，北海道一个叫士幌町的偏僻农村，其年度获取的故乡税金额是住民税收入的 4 倍。请见日本总务省统计资料，http://www.soumu.go.jp/main_sosiki/jichi_zeisei/czaisei/czaisei_seido/furusato/archive/，2017－02－10。

③ 详细可见总务省官方网站，http://www.soumu.go.jp/main_sosiki/jichi_zeisei/czaisei/czaisei_seido/080430_2_kojin.html，2017－02－11。

④ 数据来源于日本总务省官方网站，http://www.soumu.go.jp/main_sosiki/jichi_zeisei/czaisei/czaisei_seido/furusato/file/report20170704.pdf，2019－05－08。

有品牌土特产并将其作为答谢品寄送捐赠人的地方自治体能够获得更多的故乡税金额。[①]考虑到答谢品的寄送成本[②]以及纳税人的税收返还[③]，故乡税的实施不仅失去了平衡财力的功能，而且还减少了整个国家的税收收入，也就是说，故乡税制度越来越成为地方自治体的“互联网众筹”工具。

三、故乡税制度实施的效果及启示

综上所述，故乡税制度起源于对平衡地区间财力的期待，实际起步于纳税人对公共产品的意愿表达，而意外地落实于地方政府的互联网众筹工具。“互联网众筹”是指以互联网为依托，向大众广泛征集项目资金的一种筹资方式。日本故乡税制度的运营恰恰就是地方政府通过强大的网络协作平台，来为本地公共项目进行筹资的活动。从地方财政的角度来看，本地公共项目的成本原则上应该由本地纳税人承担，但是，故乡税不仅在制度上突破了这一限制，而且通过现代化网络技术实现了这一突破。简单地回顾故乡税实施十多年来所产生的效果，主要有以下几个方面：

第一，强化了地方政府通过挖掘地方特色进行区域间竞争的意识，并展示了通过公私合作、官民合作来发展地方经济、提升地方社会文化活力的可能性。

正如前面介绍的，自明治维新起，日本虽然早已构建政治上的民主体制并在战后得以实质性的实施，但其经济上的集权特色一直没有褪去，根深蒂固地存在于财政体制尤其是地方财政体制中。从地方政府来看，在集权财政体制下，其职能就是如何按部就班地落实中央政府的各项政策。因此，长期以来，日本的地方首长、议会以及公务员都缺乏竞争意识，尤其是一些基层地方自治体成为被动执行中央政府各项政策的机器。在整个国家财政收支恶化的情况下，不仅这样的地方自治体难以为继[④]，而且还继续侵蚀整个国家的财政基础。从 20 世纪 90 年代开始的所谓“伴随财源转移的‘三位一体’改革”正是期待打破这种恶性循环的财政体制改革。

然而，长期形成的惯性、民主体制下地方政府职能的局限以及人口流出和高龄化等各种因素，导致日本很多基层地方自治体面临更加严峻的财政难题。在如此背景下出台的故乡税制度，启发了地方自治体通过挖掘本地特色来吸引来自其他地方财源的故乡税。他们一方面制定出“故乡税”用途明确化的“菜单”，以供纳税人自由选择，另一方面将最具地方特色的土特产或者文化景观等作为答谢品来回报纳税人。幸运的是，地方自治体这种重视“纳税人的意愿和利益”的努力在互联网发达的时代得到了大众的呼应。目前只要

---

① 日本总务省官方网站资料，http://www.soumu.go.jp/main_sosiki/jichi_zeisei/czaisei/czaisei_seido/furusato/file/report20160614.pdf，2017－02－10。

② 根据日本总务省的调查资料计算，从全国平均水平来看，赠送品的成本大致占故乡税金额的一半左右。http://www.soumu.go.jp/main_sosiki/jichi_zeisei/czaisei/czaisei_seido/furusato/file/report20160614.pdf，2017－02－10。

③ 从图 2 和表 1 可以看出，2014 年以后税收返还额占故乡税金额的一半以上，从个体层面来看，除了 2 000 日元的负担，其他捐赠额都可以全额从住民税中得以返还，返还率几乎超过 95%。

④ 2007 年 3 月 6 日就出现日本历史上第一个财政破产的地方自治体——北海道夕张市。

在搜索引擎网页输入“故乡税”[1]，则可以通过总务省、各地方自治体的门户网站或者民间购物网页，选择地名、礼品分类或故乡税用途等不同菜单窗口来实施捐赠，并在几分钟内完成可退税金额[2]的计算以及退税手续。更有甚者，在购物网上进行捐赠不仅可以使用信用卡，还可以获得购物网上的优惠点数。此外，故乡税制度还促进了公私合作、官民合作平台的建设和发展。除了互联网平台的构建本身就体现了这种合作以外，本地答谢品的遴选和使用更是体现了官民共同促进当地各项产业发展的努力。总之，故乡税制度下的地方间财力竞争实际上是地方自治体之间如何挖掘、宣传本地特色，以及如何回应纳税人意愿的竞争。

第二，涵养了纳税人的公民意识，在一定程度上激发了纳税人对公共事务的关心以及对自身公共责任的思考。

现代社会是一个通过市场机制来有效配置资源、同时通过大众的公民意识来实现社会和谐的文明社会。如果没有大众的公民意识，则社会容易落入一个只遵从丛林法则的无序、野蛮境地。但是，从理性人的角度来看，大众对于公共事务的关心程度总是薄弱于对自身利益。但是，故乡税则恰恰是通过减税让利的方式来唤起纳税人的公民意识，进而关注各种社会问题并参与到解决问题的活动中去。这种方式的参与，从长远来看，将会涵养日本国民真正的自治精神、民主意识，从本质上改变日本长期以来的中央集权体质。

第三，有限地调节了地区间的财力，缓解了部分偏远地区财源不足的问题。

虽然故乡税实施十多年来，总体上平衡地区间财力的作用不明显，但是，确实有些偏远地区的地方自治体因此而大大改善了财政状况，甚至出现故乡税收入高于自身财政收入几倍的情况。不过，与传统的财力转移政策不同，故乡税所实现的税源流动不是中央政府的强制性转移，而是取决于地方政府的努力程度。各个地方自治体在相互竞争和相互模仿的过程中发现，成功获取故乡税的两个关键因素：一是重视“纳税人的意愿和利益”，二是提供便捷的“互联网平台”。因此，这种非集权式的财力转移，对地方政府的能力产生了巨大的挑战。如何广泛地宣传和展示自身的特色，如何有效地利用互联网技术等等，这些问题的解决有力地促进了日本地方政府尤其是基础自治体施政能力和效率的提高，让地方政府不再是背靠中央财政等财源，而是积极创造地方财源，在一定程度上改善地方经济逐步衰退的状况。

综上所述，日本从 2007 年开始酝酿、实施故乡税制度，随着互联网技术运用的普及，中央和地方政府顺应时代的潮流，将这一初衷为财力转移的制度设计转向地方政府“众筹工具”，并起到了促进地方经济发展的效果。当然，这一制度也存在着各种各样的问题，本文在此暂时省略。从日本实施故乡税的过程中，我们可以得到的启示是：我们需要对各级政府职能进行再思考，改变财力平衡的根本思路，不是等财源，而是创造财源；无论中央政府还是地方政府，都应该是授人以渔而非授人以鱼。

第一，“故乡税”本质上是微观层面的税收转移，即将纳税人本应缴纳给居住地的地方税转移一部分至非居住地。由此，我们认为，中央政府对地方政府间的财力平衡方式不仅

---

① 日语“ふるさと納税”。

② 退税金额随纳税人收入、家庭人数等情况不同而不同。

可以采取集权式转移支付制度，也可以通过微观个体的选择性纳税，而且后者更能促进地方政府提升自身的施政能力。

第二，地方政府不是直接参与当地的经济活动，而是利用中央政府故乡税这样的制度设计，来吸引全国各地纳税人关注本地、参与本地的公共事务，并且同时推广本地企业，以培养地方税税源。

参考文献：

[1]郭冬梅. 三新法体制的形成与日本近代地方自治[J]. 社会科学战线，2006(2).

[2]宋健敏，牛铭实. 日本地方财政的财源结构与地方自治的特征 [J]. 复旦政治学评论，2013(11).

[3][日]保田隆明. 地方自治体のふるさと納税を通じたクラウドファンディングの成功要因[J]. 商学讨究，64(4).

[4]日本总务省官方网站，http://www.soumu.go.jp.

PUBLIC

GOVERNANCE

公共管理

REVIEW

政府绩效评价中的第三方机构资质准入机制在起作用吗?

——以上海市政府购买社会组织服务项目绩效评价为例

曾纪茂

摘　要： 政府与学术界对第三方机构参与政府绩效评价寄望甚高,但也有很多研究表明第三方机构绩效评价的总体质量堪忧。政府以及一些研究把设置第三方机构的准入机制、提高第三方机构的资质要求作为保障第三方机构绩效评价质量的关键手段。本文以 2018 年上海市政府购买社会组织服务项目绩效评价为例,发现进入机构库的第三方机构的项目绩效评价质量甚至低于未进入机构库的第三方机构,说明政府绩效评价中的第三方机构准入机制存在重大缺陷,需要改变第三方机构绩效评价的监管方式。

关键词： 项目绩效评价　第三方机构　准入机制　绩效评价质量

2003 年,中共十六届三中全会提出“建立预算绩效评价体系”。同年,财政部、广东省、江苏省开始预算绩效评价的制度探索,兰州大学管理学院受甘肃省政府委托,也开展了以满意度问卷调查为主的地方政府绩效评价。此后,全国各地各级政府广泛开展政府绩效评价的实践。2017 年,中共十九大报告提出建立全面规范透明、标准科学、约束有力的预算制度,全面实施绩效管理,推动了从中央到地方的政府绩效评价工作进一步开展。

虽然从一开始就有一些部门与地方政府委托第三方机构来开展绩效评价工作,但全国绝大多数政府绩效评价是由政府部门自己实施的。自始就有学者申辩局限于政府内部开展绩效评价的不足,第三方机构开展绩效评价具有专业性与独立性的制度优势。学术界的这一呼吁也逐步得到政府认可,2015 年 8 月 26 日及 9 月 16 日,李克强总理主持召开国务院常务会议,在分别听取全国工商联等第三方机构对重点政策落实情况的评估汇报后,李克强总理强调,“第三方评估是本届政府创新管理方式的重要措施,通过加强外部监督,更好推动国务院各项政策措施落实”。2018 年 7 月,财政部也行文提出,“扎实有序推进政府购买服务第三方绩效评价工作”,“将第三方绩效评价作为推动政府购买服务改革的重要措施”,强调“受益对象为社会公众的政府购买公共服务项目,应当积极引入第三方机构开展绩效评价工作”。近年来,第三方机构参与政府绩效评价日益活跃,但与之前的乐观预期不尽一致,学术界与实务界对第三方机构开展政府绩效评价的质量与效果存在

作者简介:曾纪茂,上海财经大学公共经济与管理学院副教授。主要研究领域为政治学理论、政府绩效评价、城市社会管理。

诸多疑虑。湖北省 2015 年对当年 43 项财政支出绩效评价重点项目进行检查，发现高达 41.9%的项目绩效评价报告质量属于中低等级，2016 年扩大检查范围，238 个项目的绩效评价报告中也有 19.88%属于中低等级。第三方机构所承担的政府绩效评价工作质量低下，是由于第三方机构的专业性不足导致，还是由于目前的管理机制存在显著缺陷导致？

一、文献回顾

马亮、于文轩最早对国内第三方机构开展政府绩效评价的价值提出疑问，他们发现两个完全独立并具有较高声望的第三方机构开展的同类型政府绩效评价，即使完全独立的第三方机构对城市公共服务绩效评价也都采用专业的方法开展研究，不同机构对同一组城市评价的排名也有很大差异。甚至可能一个城市在一个项目组中评为“先进”，而在另一个第三方独立机构的评估中却变为倒数第几名。马亮确信与政府自身的绩效评价相比，第三方绩效评价具有明显的制度优势和技术优势。然而，他们认为，公共服务绩效测评总是存在误差的，过度使用、误用、滥用绩效评价信息可能导致难以预料的负面结果，因而建议政府对于独立第三方机构的绩效评价成果，也应充分认识到其局限和误差，不要过分偏倚任何一个第三方绩效评价结果，而应该综合利用多种来源和渠道的评价结果。马亮仅仅以两个机构的评价作对比，也主要局限于城市公共服务的绩效评价，尤其重要的是两个机构的研究由于只能从外部获得信息，信息的充分性与可靠性都容易存在缺陷，而大多数第三方机构参与政府绩效评价属于委托第三方，并非马亮所研究的纯粹第三方评价，所以马亮研究观点的针对性局限较大。胡穗的研究在并未明确说明对哪些第三方机构绩效评价开展调查分析，就直接断言第三方评价机构不够独立是政府购买社会组织服务项目绩效评价困境的首要影响因素。这一观点主要依靠逻辑推论来支持，并未诉诸证据检验，难以为后续研究提供基础。尚虎平、王春婷明确地区分了纯粹第三方机构与委托第三方机构绩效评价，认为以发达国家的先行经验来看，纯粹的第三方评价更多是学术意义上的研究，权力机关及其所属机构推行绩效评价吸纳第三方机构参与，政府部门实行内控性绩效评价也可以吸纳第三方机构，甚至利益相关者的参与也是第三方。尚虎平认为纯粹第三方机构绩效评价的实践价值有限，但他对我国政府绩效评价实践中存在的第三方机构绩效评价的类型缺乏足够的分析，甚至把利益相关者的参与也当作第三方评价的一种类型，在概念使用上就更混乱了。

尚虎平、王春婷的研究认为委托第三方机构参与政府购买服务绩效评价更具有实际意义。这一主张也得到了颜海娜的支持。颜海娜以广东省省级财政专项资金的绩效评价为例，区分了体制内三类评价主体，分别是地方人大、财政部门与主管部门。她从角色认知、权力结构的相对地位、利益相关性及组织能力四个角度，分析了三类评价主体在开展绩效评价中的优势与局限，提出未来应探讨建立由人大主导（评价主体）、财政部门与主管部门协同、独立第三方实施的财政支出绩效评价模式。研究对于体制内三类评价主体的绩效评价机制各自的优势与局限分析很有见地，但最终的建议仅仅是倡议，并未进行论证。这一研究对倡议模式的适用条件没有考虑，对于第三方机构参与的复杂性还少有涉及。

李健的研究在技术层面的因素外，明确从管理层面系统阐述了政府购买服务绩效评价尤其是第三方机构绩效评价面临的问题。李健认为，管理层面分别是绩效评估机构的资质、绩效评估机构的信息采集、绩效评估结果的发布、政府购买服务的市场空间问题，其中第三方机构的资质是首要影响因素。刘国永则更明确地认为，设定准入标准、构建完善的第三方机构的资质认定机制是保障第三方机构绩效评价质量的关键支持。

影响第三方机构参与政府绩效评价的管理因素有多个方面，第三方机构的准入机制是关注的中心点之一。目前一方面是多个地方政府财政部门实施了财政支出绩效评价项目第三方评价机构的准入机制，设立了第三方机构库，另一方面是学术界有人明确提出以设置较高的准入标准来提高第三方机构的专业水平，以保障第三方机构绩效评价的质量。要检验第三方机构资质准入机制是否起到预期作用，最直接的办法是比较，把实行了准入机制的情况与未实行准入机制的情况进行对比，检验实行了准入机制的情况下，第三方机构的政府绩效评价质量是否显著高于未实行的情况。由于以下几种原因，这种比较非常困难：第一，不同时期、不同地区的，可能存在实行准入机制与未实行准入机制的情况，但相关条件差异性大，可比性不足；第二，设置了准入标准的行政区域，开展政府绩效评价的第三方机构基本都是已经获得行政准入的，会难以找到适当的比较项目；第三，目前大多数政府绩效评价报告并未公开，处于保密状态，要评价这些绩效评价的质量，也难以获取相关信息。但是本研究发现，在特定情况下，可以开展这种对比。上海市政府购买社会组织服务项目的绩效评价，同时有进入第三方机构库的评价机构与未进入第三方机构库的评价机构参加，为开展这一比较提供了独特的机会。本文即以 2018 年上海市各区政府购买社会组织服务项目第三方机构评价为样本对此予以分析，来检验绩效评价的第三方机构准入机制是否能提高绩效评价质量。

二、上海政府购买社会组织服务项目第三方机构绩效评价状况

近几年，上海政府大幅度推进购买社会组织服务项目，市级政府部门购买社会组织服务项目相对较少，90%以上项目是由各区职能部门或街镇购买的。2017 年，全市范围内政府购买社会组织服务项目有 3 000 个左右，金额 10 亿元多，项目平均资金规模在 35 万元左右，但绝大多数项目的资金规模比较小，75%的项目资金规模在 25 万元以下。政府购买社会组织服务项目的开展程度一方面与政府的财政实力相关，另一方面也与辖区内社会组织的发展程度有关。总体来说，全市各区对政府购买社会组织服务的支持，中心城区好于近郊各区，近郊各区又好于远郊各区。政府购买社会组织服务项目的绩效评价工作总体上也大致呈现同样的梯度落差。但近郊各区的发展势头迅猛，有赶超部分中心城区的趋势。

（一）上海市政府购买社会组织服务项目绩效评价概况

上海市各区政府购买社会组织服务项目的绩效评价工作，按照评价的执行机构来区分，可以区分为购买主体自己组织评价与第三方机构评价两种（管理办法规定还有财政部门评价，但由于政府购买社会组织服务项目资金规模太小，实际上还没有政府购买社会组织服务项目接受财政部门重点评价）。按照评价程序的完整程度区分，又可以分为绩效验

收、简易评价与一般流程绩效评价三种。第三方机构评价属于一般流程的绩效评价。

上海各区2017年政府购买社会组织服务项目总数约3 000个,大约有50%开展了绩效评价,各区差异很大,有3个区实施了绩效评价的项目占比在90%以上,有5个区实施了绩效评价的项目占比不到20%。项目总数越多的区,实施绩效评价的比例越高;项目越少的地区,实施绩效评价的比例反而更低。同样,实施绩效评价比例高的区,项目接受第三方机构评价的比例也越高,全市各区政府购买社会组织服务项目接受第三方机构评价的占比在40%以上,在全部开展了绩效评价的政府购买社会服务项目中占比接近80%,因此,在实际上开展了绩效评价的项目中,实施第三方机构评价的比例是相当高的。

(二)开展绩效评价的第三方机构的类型

根据各区上报的数据,2018年承担全市16个区政府购买社会组织服务项目绩效评价的第三方机构大约为33家。其中13家属于公司,包括会计师事务所、税务师事务所、咨询公司、律师事务所、资产评估有限公司,甚至有投资管理公司,以会计师事务所居多,在13家中有5家是会计师事务所。另外20家是社会组织。

由于无法获得全部第三方机构开展政府购买社会组织服务项目的绩效评价报告,因而无法实施抽样。上海市有关主管部门要求各区社会建设主管部门上报本区8个政府购买社会组织服务项目接受评估,要求8个项目中有4个20万元以上的项目、4个20万元以下的项目、4个区职能部门购买的项目、4个各街镇购买的项目,并在随后要求各区把实施了绩效评价的绩效评价报告文本一并提交接受评估。在2018年以前,各区的政府购买社会组织服务项目绩效评价报告并未接受过市级部门检查,也未向市级部门报送过,因而可以认为,2018年各区向市级部门上报接受检查的政府购买社会组织服务项目绩效评价报告是以本来面貌接受检查的,但毕竟是各区上报市级部门接受检查,虽然有金额与购买主体分类的限制,各区也应当会尽量选取自认为质量较好的绩效评价报告提交检查,而会避免选取自己也认为质量很差的绩效评价报告。因此,可以认为,这些绩效评价项目代表的是全市各区政府购买社会组织服务项目绩效评价的较高水平,会好于平均水平。16个区,每个区8个项目,共上报了128个项目,但有6个区以不同的理由说明绩效评价尚未完成,因而只获得了10个区的80个项目的绩效评价报告文本,其中有52个项目是由第三方机构实施的绩效评价。由于每个区都同样上报8个项目,项目总数高绩效评价开展较全面的区反而在样本中占比较低,这是这52个第三方机构绩效评价报告样本代表性存在的不足。

三、假设检验

上海市财政局早在2012年即设置了财政支出绩效评价第三方机构的准入机制,颁布了《上海市财政支出绩效评价聘用第三方评价机构管理暂行办法》,并设置了第三方机构库,项目绩效评价需要通过政府采购的,评价组织者只能从第三方机构库中选聘评价机构。上海市目前实行的政府采购标准是20万元,也就是说,如果严格按照《上海市财政支出绩效评价聘用第三方评价机构管理暂行办法》,绩效评价合同经费超过20万元的绩效评价项目才必须实行政府采购,如果低于20万元,可以不经过政府采购渠道,从而不受这一管理办法约束，同时，上海市作为社会组织发展较为领先的地区，民政部门与社会建设主管部门在政府购买社会组织服务项目的管理方面更为积极主动，相当一部分政府购买社会组织服务项目的绩效评价由于各种原因，尚未受《上海市财政支出绩效评价聘用第三方评价机构管理暂行办法》约束。因此，在上述 52 个第三方机构绩效评价项目中就出现了两种类型机构，一种是进入了上海市财政局财政支出绩效评价第三方机构库中的机构，一种是未进入第三方机构库中的机构。本研究假定，对这两种不同类型的第三方机构实施的绩效评价报告质量的对比，可以用于检验第三方机构的准入机制是否能够有效提高绩效评价报告质量。如果进入机构库中的第三方机构比未进入机构库的第三方机构实施的绩效评价质量高，也许不能完全证明第三方机构准入机制的有效性，但如果进入机构库中的第三方机构不比未进入机构库的第三方机构实施的绩效评价质量高，甚至低于未进入机构库的第三方机构实施的绩效评价质量，那么第三方机构准入机制的有效性就非常可疑了。

在总共 52 个第三方机构实施绩效评价的项目中，共有 20 家第三方机构接受委托实施绩效评价，其中 7 家是公司，13 家是社会组织，7 家公司均为上海市财政局绩效评价第三方机构库中的机构，1 家社会组织也进入了上海市财政局绩效评价第三方机构库。这 8 家机构库中的第三方机构共承担了 52 个项目中的 24 个项目，12 家未进入机构库中的社会组织共承担了 52 个项目中的 28 个项目。

表 1　　2018 年不同类型第三方机构承担政府购买社会组织服务项目分布情况

类型	第三方机构		承担绩效评价项目数	
	数量	占比	数量	占比
进入机构库	8	40%	23	44%
未进入机构库	12	60%	29	56%
合　计	20	100%	52	100%

要比较不同类型第三方机构开展政府购买社会组织服务项目绩效评价的质量，就需要确定评价标准。但是本研究发现，公司与社会组织在开展政府购买社会组织服务项目绩效评价时所依据的法规和标准是不同的。各家公司都依据上海市财政局 2014 年所发布的《上海市预算绩效管理实施办法》中规定的绩效评价共性指标体系实施绩效评价，而所有社会组织依据的则是上海市民政局 2012 年发布的《社区公益服务项目绩效评估导则》，在该导则规定的绩效指标体系基础上或简化或细化开展绩效评价。由于二者遵循的标准差异较大，因而在比较两种不同类型的第三方机构开展政府购买社会组织服务项目绩效评价的质量时，就难以只采用其中任何一方的标准。为此，本研究提出两个较为简明的评价标准来衡量这些项目的绩效评价报告的质量。

（一）服务对象满意度测评方法规范性对比

财政部门与民政部门制定的规范性文件虽然在评价主体、实施程序以及绩效指标体系上存在不小的差异，但对于政府购买服务项目，都强调“指标体系要能够客观评价服务提供状况和服务对象、相关群体以及购买主体等方面满意情况，特别是对服务对象满意度指标应当赋予较大权重”。因此,在政府购买社会组织服务项目的绩效评价中,这两种指标体系都包含的服务对象满意度如何测评以及是否符合规范,是一项值得关注的指标。

在52个项目的绩效评价中,服务对象满意度测评主要采取了三种方法:第一种是由项目承接主体在每次服务完毕或另外请服务对象填写满意度调查表;第二种是评价主体现场询问由承接主体推荐的服务对象代表,了解服务的满意度;第三种是评价主体根据承接主体提供的服务对象名单,按照随机抽样规则抽取若干服务对象,以电话或现场访谈的方式了解服务对象的满意度。第一种方式覆盖面较为完整,但由于承接主体的工作人员在场,因人情因素直接影响了服务对象的填写选择,难以客观代表服务对象的真实感受;第二种方式的代表受承接主体的影响更大,更难以代表全体服务对象的感受;第三种方式对评价主体来说增加了复杂性,增加了评价时间及评价成本,但能比较客观地反映服务对象的感受。还有一些可能不需要调查服务对象的满意度,例如为街道编制某方面的制度,做某方面的调研,只需要询问购买主体的满意度即可,而根本就没有调查服务对象满意度的必要;有一些属于绩效评价报告过于简单,难以判断属于哪种情况,详见表2。

表2　　不同类型第三方机构绩效评价报告中服务对象满意度测评方式情况

		由承接主体服务对象满意度自测	询问承接主体推荐的服务对象代表	对服务对象随机抽样来调查	未调查服务对象满意度	其　他	合　计
A类	项目数量(个)	8	7	1	5	2	23
	占本类比例	34.8%	29.2%	4.2%	20.8%	8.3%	100.0%
B类	项目数量(个)	9	4	7	5	4	29
	占本类比例	31.0%	13.8%	24.1%	17.2%	13.8%	100.0%
合计数		17	11	8	10	6	52
占比		32.7%	19.2%	15.4%	19.2%	11.5%	100%

注:A类为由进入机构库的第三方机构所实施的项目绩效评价报告,B类为未进入机构库的第三方机构所实施的项目绩效评价报告。

其中仅第三种方法是符合规范的服务对象满意度测评方法,但采取这种方法的项目只有采取第三方评价的项目数的15.4%,而完全未调查服务对象满意度的项目达到19.2%,采取由承接主体实施服务对象满意度自测的项目占比达到32.7%。把承接主体自己实施的服务对象满意度测评作为第三方评价的服务对象满意度监测,会有双重的不利后果。第一,承接主体实施的服务对象满意度测评,应当主要服务于项目自身如何改善,以改进项目方案,提高项目效率,实现绩效目标,而不是为第三方评价服务。如果越来越多地以承接主体自己开展的服务对象满意度监测作为第三方评价的依据,一方面会扭曲承接主体的服务对象满意度监测动机,导致承接主体应该实行的服务对象满意度监测无法实现原本目的,另一方面会难以真实反映项目服务对象的满意度,由此确实可以判断政府购买社会组织服务项目第三方机构绩效评价在整体上规范性存在相当严重的问题。但在入库机构与未入库机构的对比中,却出现了显著的差异,尤其是在对服务对象随机抽样来调查满意度的规范方法上，入库机构的合规率仅有4.2%，而未入库机构的合规率虽然也并不高，只有24.1%，但是两相比较，差异极为显著。“未调查服务对象满意度”与“其他”类别中不一定有不合规范的情况，但单就承接主体自测与询问承接主体推荐的服务对象代表两类明显不合规的情况，入库机构高达64%的不合规率也比未入库机构的44.8%更高。

（二）绩效评价报告中问题诊断与建议关键词对比

对绩效评价报告中主要问题和相关建议进行关键词整理，发现关键词有财务审核、预算、决算、成效测评、财务管理、财务收支、会计管理、档案管理、服务满意度测评、问卷设计、会计核算、项目报告撰写、人员培训、财务科目设置、人员管理、活动质量控制、过程管理等，经过相近关键词归并，大约可区分为九个领域的问题，即财务管理、档案管理、成效测评、人员管理、项目报告撰写、项目过程管理、立项合理性、影响力宣传及其他难以归类的问题。就问题诊断和改进建议来看，人员管理、项目过程管理与项目绩效高度相关，立项合理性也与项目绩效关联较大，而档案管理、项目报告撰写、成效测评、影响力宣传虽然也很重要，但属于绩效评价中的次要方面，财务管理也是非常重要的评价内容，但财务合规性属于与绩效不同的领域。

统计所示，52份评价报告提出的问题诊断与相关建议平均涉及9个领域中的3.3个，涉及面较小，主要聚焦于财务管理、项目方案设计和其他领域，较少涉及项目报告撰写、项目过程管理和影响力宣传，问题诊断与相关建议较为简单，其中不少问题诊断与相关建议过于宽泛。52份项目的绩效评价报告中，有49份项目评价报告对项目实现绩效目标的具体管理手段提出了改进建议，而近60%的项目仅在财务管理、档案管理、成效测评、项目报告撰写、影响力宣传这些方面提出问题和改进建议，尤其偏重财务管理与档案管理这些非社会工作的专业性领域。较少项目绩效评价报告能对相应项目给出具有社会工作专业价值的问题诊断与改进建议，详见表3。

表3　　不同类型第三方机构绩效评价报告中问题诊断关键词频次分析

		财务管理	档案管理	成效测评	项目方案设计	项目报告撰写	影响力宣传	人员管理	项目过程管理	其他	项目数
A类	项目数量(个)	16	7	2	5	4	4	7	7	10	23
	占本类比例	69.6%	30.4%	8.7%	21.7%	17.4%	17.4%	30.4%	30.4%	43.5%	100%
B类	项目数量(个)	11	15	17	16	7	12	13	8	10	29
	占本类比例	37.9%	51.7%	58.6%	55.2%	24.1%	41.4%	44.8%	27.6%	34.5%	100%
合　计		27	22	19	21	11	16	20	15	20	52
比　例		51.9%	42.3%	36.5%	40.4%	21.2%	30.8%	38.5%	28.8%	38.5%	100%

注：A类为由进入机构库的第三方机构所实施的项目绩效评价报告，B类为未进入机构库的第三方机构所实施的项目绩效评价报告。

按不同类型机构区分，进入机构库的第三方评价机构的23份报告提出的问题诊断与相关建议平均涉及9个领域中的2.7个。而未进入机构库的第三方评价机构的29份报告提出的问题诊断与相关建议涉及9个领域中的3.8个。从总体情况来看，未进入机构库的第三方评价机构在报告中的问题诊断与相关建议部分涉及面更广。在关注领域方面，进入机构库的第三方评价机构高度关注财务管理方面的合规性，高达69.6%的项目绩效评价报告会发现项目存在的财务管理问题并提出相关建议，其他方面的问题诊断与建议相应较为分散。而未进入机构库的第三方机构更关注成效测评、项目方案设计、档案管理方面，这三项均有超过50%的比例，对于人员管理的聚焦度也要明显好于进入机构库的A类机构报告。对于过程管理，两种类型的报告关注度较为接近。从52份绩效报告的问题诊断与改进建议质量来看，未进入机构库的第三方机构绩效评价报告的质量要比入库机构好一些。

结合项目绩效评价采取的服务对象满意度测评方法规范性对比及绩效评价报告中问题诊断关键词频次分析，可以明确发现，在2018年上海市各区政府购买社会组织服务项目绩效评价中，进入机构库的第三方机构的工作质量不如未进入机构库的第三方机构，而且差异显著。

四、原因解释

政府绩效评价从评价对象来区分，可以分为政府整体绩效评价、部门与单位绩效评价、政策与项目绩效评价。因此，第三方机构实施的政府绩效评价也可以区分为这些类型，本文只探讨了第三方机构实施的财政支出项目绩效评价，而且也只是政府购买社会组织服务项目的绩效评价。本研究不能直接推及全部第三方机构实施的政府绩效评价，是否适用于第三方机构实施的其他财政支出项目，尚值得关注。

进入机构库的第三方机构实施的政府购买社会组织服务项目绩效评价比未进入机构库的第三方机构质量更差，无论如何是让人惊讶的发现。是什么原因导致这一结果，如何解释这一结果，将直接影响第三方机构准入机制是否合理的判断。

第一种可能的解释是认为参与政府购买社会组织服务项目绩效评价的第三方机构经验不足，前述湖北省第三方机构参与财政支出绩效评价的质量问题就可能有这方面的原因。湖北省财政厅2013年才开始大范围开展第三方机构的财政支出绩效评价，因而第三方机构有个学习过程，绩效评价的组织者在管理上也有个学习过程。但本文研究的上海市已不属于此类情况，上海市2012年即建立了第三方机构库，到2018年绩效评价时，入库机构大多已经有六七年以上的财政支出项目绩效评价经验。因此，这一解释不能说明入库的第三方机构在政府购买社会组织服务项目绩效评价上质量何以低于未入库机构。

第二种可能的原因是进入机构库的第三方机构绝大多数是公司，对社会服务项目缺乏经验。进入机构库的第三方机构虽然各自在财务、税务、法规方面具有足够的专业技能，但在社会工作领域专业技能明显不足，难以对社会组织服务项目作出有质量的绩效评价。虽然《上海市政府购买社会组织服务项目绩效评价管理办法(试行)》(沪财绩〔2016〕18号)第六条要求“第三方机构实施绩效评价时，应按照要求成立评价工作小组，小组成员中应包括熟悉《民间非营利组织会计制度》和熟悉社会组织、社会治理、公共服务方面的人员”，但作为软约束，在公司内部缺乏这方面专业人员的情况下，基于成本控制的考虑，这一要求往往难以实施。而未进入机构库的第三方机构都是专门从事绩效评价的社会组织，因此，进入机构库的第三方机构，其政府购买社会组织服务项目绩效评价的质量反而不如未进入机构库的第三方机构，就是可以理解的了。

这一解释基本符合实情，但显然无助于合理化设置第三方机构库，就政府购买社会组织服务项目这一领域而言，第三方机构库里的机构缺乏相应的专业技能，而具有这方面专业技能的社会组织却绝大部分都被阻拦在机构库之外，这就显示出了第三方机构库极大的不合理。其他领域的政府绩效评价是否存在类似的情形虽然难以判定，至少是值得关注的。

第三种可能的原因，更可能是第三方机构准入机制本身的缺陷导致。前一种解释，可以解释两类绩效评价在关键词频次分析中诊断出来的差异，但难以解释服务对象满意度测评中的差异。分布在全市 10 个区中，8 家机构实施的 23 个项目的绩效评价，仅有 1 个项目完全遵守规范的随机抽样调查服务对象满意度，就无论如何不是专业技能不足的问题了，可以说是明显违背了绩效评价中服务对象满意度调查所应该遵守的专业规范。这一方面反映出第三方机构准入机制未能有效保障政府购买社会组织服务项目的绩效评价质量，还反映出整体第三方机构财政支出项目绩效评价的管理出现问题。市级财政部门设置第三方机构库，掌握了第三方机构的准入权限，削弱了各区政府购买社会组织服务项目绩效评价的组织方在管理与监督第三方机构的权力与职责，在大多数情况下，弱化了对第三方机构的监督，加剧了第三方机构的道德风险。

五、结论与展望

本研究充分展示了在上海市政府购买社会组织服务项目绩效评价中，第三方机构的准入机制未能保障绩效评价的质量，而且反而可能增加了入库第三方机构的道德风险。

进入机构库的第三方机构实施的政府购买社会组织服务项目绩效评价质量低于未进入机构库的第三方机构，当然不能理解为市级财政部门挑选了更为劣质的第三方机构进入机构库，如果仅仅只是比较有资质要求与无资质要求，应该是有资质要求的第三方机构会优于无资质要求的第三方机构，但是实际上，虽然第三方机构准入审批是由市级财政部门负责，但各区政府购买社会组织服务项目的绩效评价还是由各区自己负责，而各区的管理机制差异较大。在本研究中，承担政府购买社会组织服务项目绩效评价的未进入机构库的第三方机构，并非完全没有资质要求，而是这一资质要求的判断是由项目绩效评价的组织方来承担的，对项目绩效评价质量的监管也主要是由项目绩效评价的组织方来完成的。

未进入机构库的第三方机构在政府购买社会组织服务项目绩效评价中的质量表现整体上虽然也不是很理想，但显著优于入库的第三方机构，这并非表明不对第三方机构实施监管优于实施监管，而很可能是政府购买社会服务绩效评价中，某种类型的组织管理方式会显著好于设置准入机制的管理方式，这也是下一步值得关注的研究议题。

参考文献：

[1]包国贤．绩效评价：推动地方政府职能转变的科学工具[J]．中国行政管理，2005(7)．

[2]吴建南，庄秋爽．自上而下"评议政府绩效探索：公民评议政府"的得失分析[J]．公共行政，2005(1)．

[3]邱法宗，张霁星．关于地方政府绩效评估主体系统构建的几个问题[J]．中国行政管理，2007(3)．

[4]财政部．关于推进政府购买服务第三方绩效评价工作的指导意见（财综〔2018〕42 号）[EB/OL]．中央人民政府，http://www.gov.cn/xinwen/2018－08/14/content_5313729.htm.

[5]陈丽琴．第三方中介机构参与财政支出绩效评价质量控制研究——基于湖北省财政支出绩效评价[J]．湖北工业职业技术学院学报，2017(1)．

[6]马亮，于文轩．第三方公共服务绩效评价的评价：一项比较案例研究[J]．南京社会科学，2013(5)
．

[7]胡穗．政府购买社会组织服务绩效评估的实践困境和路径创新[J]．湖南师范大学社会科学学报，2015(4)．

[8]尚虎平、王春婷．政府绩效评估汇中"第三方评估"的适用范围与限度[J]．理论探讨，2016(3)．

[9]颜海娜．评价主体对财政支出绩效评价的影响——以广东省省级财政专项资金为例[J]．中国行政管理，2017(2)．

[10]李健．如何破解购买服务绩效评价的难题[J]．中国社会组织，2017(8)．

[11]刘国永．政府购买服务第三方评价机制研究[R]．财政部，2017.

[12]上海市财政局．上海市财政支出绩效评价聘用第三方评价机构管理暂行办法[EB/OL]．上海财政，http://www.czj.sh.gov.cn/zys_8908/zcfg_8983/zcfb_8985/ysgl_8986/ysjx/201509/t20150916_166163.shtml.

[13]．上海市财政局、民政局、社团局．上海市政府购买社会组织服务项目绩效评价管理办法（试行）（沪财绩〔2016〕18 号）．

政府补助亏损上市公司的配置决策研究

郑春荣　吴一平　孙概羽

摘　要： 近年来，地方政府补助逐渐成为亏损公司扭亏为盈的利器，相当一部分上市公司通过政府补助保住上市身份，而与此相对应的是我国财政收入的增速放缓，因此，现阶段政府补助配置决策需要更为慎重。本文以2013—2016年"实际亏损"上市公司作为研究对象，研究了企业亏损对上市公司获得政府补助的影响。结果显示，无论是以当年亏损还是历史亏损来度量企业亏损状况，政府补助依然发挥着救助亏损企业和保壳的作用。此外，本文的研究还显示，财政分权程度高的地区企业、国有企业性质和承担政策性负担对于上市公司获得政府补助都具有正面影响。

关键词： 企业亏损　政府补助　配置决策

一、引　言

在市场经济中，政府作为资源配置的主体之一，扮演着消费者、经济管理者与社会事务管理者三种角色，同时在经济社会发展的不同阶段，在配置资源时发挥着"无形之手""支持之手"和"掠夺之手"的作用。众多研究表明，我国政府适应时代发展，使用"有形之手"有力地支持了经济发展。其中政府补助这项1993年开始实施的公共经济政策功不可没。本文主要关注地方政府对于"实际亏损"的上市公司提供补助的影响机制，基于理论分析和实证分析，从理论渊源和国内外研究成果出发，探寻地方政府补助决策的影响因素与实施效果。理论分析以证券市场制度与政府补助相关会计准则作为制度背景，从地方政府竞争理论、软预算约束理论与盈余管理理论等理论基础出发，参考理性决策模型与有限理性决策模型的分析思路，从政企一般特性与企业亏损情况两个角度来阐述影响地方政府补助决策的因素，并得出财政分权程度、政策性负担、企业产权性质、当期亏损规模与历史亏损情况相关的五个研究假设；从信息不对称与地方政府补助动机出发，分析补助决策的效果，并得出相关研究假设。

进入20世纪以来，对于政府补助的关注度逐渐升高，其中关于政府补助决策的研究，

作者简介：郑春荣，上海财经大学公共政策与治理研究院教授，经济学博士；吴一平，上海财经大学公共经济与管理学院教授，经济学博士；孙概羽，上海财经大学公共经济与管理学院硕士研究生。

国内外都颇有成果,但是总体而言各学者得出的研究结论存在差异。一般来说,上市公司对区域经济和社会发展的影响是深远且正面的,地方政府通过政府补助扶持上市公司有其合理性与必要性。现有的研究主要从社会保障目标、引领科技创新、财政分权等角度进行。目前很少有文献研究企业亏损对政府补助获取这一问题。实证分析以2013—2016年"实际亏损"上市公司的相关数据作为基础,进行描述性统计与检验回归,为研究政府补助决策提供更多的经验证据。

本文的结构如下:第二部分列举了亏损上市公司获取政府补助的典型化事实,并且基于软预算约束提出了可检验的理论假说;第三部分介绍了实证研究所需要的数据来源和变量设计;第四部分是实证研究结果分析;第五部分是研究结论。

二、典型化事实与理论假说

(一)典型化事实

2017年为实现去产能的目标,政府特发放"僵尸企业补助"以安置大型国企麾下的僵尸企业员工。同时,对于部分上市公司,政府补助已成为扭亏为盈的"救命稻草",一般至年末,亏损上市公司收到政府补助的公告频发,政府补助在很大程度上助力上市公司改善了业绩。比如,已停产半年之久的＊ST河化,于2017年12月14日收到河池市人民政府给予公司5 000万元经营性财政补贴的通知,上述资金将作为营业外收入计入公司当期损益,＊ST河化有望保壳;同样的情形也适用于＊ST中富、＊ST三维、＊ST中特等多家带帽公司。由此可见,政府补助既可作为克服市场失灵的手段,也可能会带来"寻租""信息不完全"等政府失灵问题。地方政府出于保壳目的而给予政府补助的方式也多为人诟病。

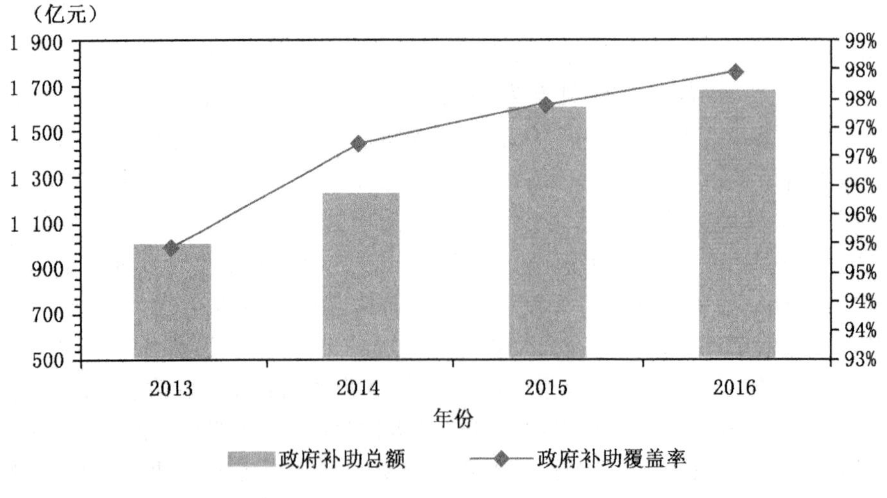

数据来源:Wind金融终端,并由笔者整理而成。

图1 2013—2016年政府补助总额及覆盖率总体概况

我国对于上市公司政府补助的总额巨大,覆盖面广。例如,2016年A股上市公司共计获得政府补助1 678.21亿元;3 029家公司中,有2 966家公司获得政府补助,覆盖率达到 97.92%；每家上市公司平均得到 5 658.15 万元的政府补助(见图 1)。同时，政府补助的总额、覆盖率与每家上市公司获得政府补助的平均数也呈上升趋势。而对于亏损上市公司的政府补助情况，本文统计得到 2016 年 395 家“实际亏损”上市公司中有 241 家通过政府补助途径避免业绩亏损，2015 年扭亏为盈的上市公司为 502 家中的 360 家，2014 年扭亏为盈的上市公司则为 419 家中的 264 家，近四年来，扭亏为盈的上市公司占“实际亏损”的上市公司的比例在 30%左右(见图 2)。

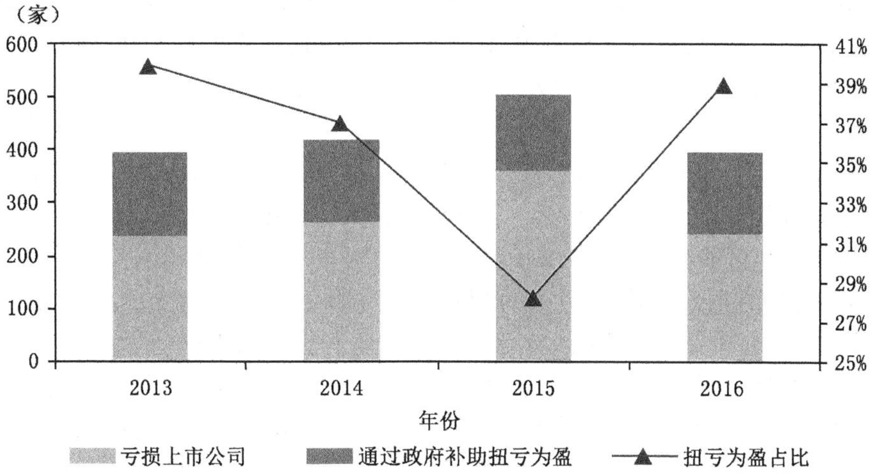

图 2　2013—2016 年政府补助“实际亏损”上市公司总体概况

(二)理论假说

软预算约束这一重要概念最早是由 Kornai 借用消费者理论中的“预算约束”术语，在分析社会主义国家经济长期短缺问题时正式提出的，主要针对陷入困境的国有企业。为理解软预算约束，首先要了解什么是硬预算约束，即企业的总支出不能超过其初始资金加该期总收入，若企业资不抵债，企业将无法生存。科尔奈将软预算约束定义为一种状态，即国有企业即使发生亏损或是濒临破产，也能依靠国家持续、仓促的无偿补助而生存下去。在此之后，经济学家从不同的角度讨论软预算约束现象，分析其成因和影响，软预算约束理论的发展也逐渐超出社会主义经济的范畴，在资本主义经济与转轨经济中得到研究支持。

地方政府存在着资源竞争，每一地方政府作为有自主偏好的行为主体，其效用将被细分，并从成本收益角度加以分析。假设地方政府提供政府补助的成本效用为 $V(S)$，主要包括政府补助的实际支出与投资于其他带来的机会成本所产生的效用；收益效用为 $U(S)$，主要包括政府官员自身的效用实现与当地整体福利水平的提升。理论上，当收益大于成本，即 $U(S)>V(S)$ 时，地方政府会有提供政府补助的激励。但在现实中，地方政府的收益 U(S)难以量化：一是政府补助需要通过企业这一间接的行为主体来产生效果，其间的作用机制复杂，企业的使用信息无法全部公开，效用难以度量；二是若将政府补助的收益分为经济收益与社会收益，对于社会收益的量化可能存在争议；三是各地方政府以及地方政府中各决策者的效用函数不同，即决策者衡量政府补助收益的价值标准与欲实现的目标有差异，且决策者的偏好也会随时间空间的变化而变化。在此情况下，地方政府不是完全理性的，而是作为有限理性者进行政府补助决策。

在有限理性决策模型中，决策者不追求完全理性而追求有限理性，不要求收益最大化而是达到“满意”标准。地方政府需要对补助政策产生的结果进行估计与预判，而对预期结果满意程度的判断与信息的完备程度以及提供补助产生的风险有关。因此，企业作为接受政府补助的主体，向政府传达的信息至关重要。当政府接收到信号，对预期补助结果“非常满意”并且风险在可控范围内时，很大程度上会作出相应的补助决策。当地上市公司的财务信息是政府可获取的最直观与全面的信息。而当企业处于财务困境时，政府不仅会考虑企业亏损的事实，也会接收到亏损规模这一财务信号，从而对预期结果及补助风险作出判断。

一般而言，当企业扭亏为盈时，相对于补助后企业依旧亏损的状态，政府会获得额外效用 W(S)，因为展示给外界的投资者与分析机构的财务报告显示盈利，既能展示良好的投资环境，吸引更多投资者，也能在证券市场上获得良好评价，进行再融资。地方政府对于出现财务危机的企业的救助行为，可以从就业角度解释其帮助企业扭亏为盈的好处。由于企业亏损会减少员工人数与降低员工薪酬，政府出于实现就业承诺，显示其管理能力，提高二次当选的可能性，会将救助亏损企业的资金排进财政预算中，但是当企业亏损规模过大时，政府隐瞒政治偏好所付出的成本也会变大，政府便会放弃补助这一策略性行为，而转向其他具有政治效率的政策。基于以上分析，作出如下假设：

H1：政府会以企业亏损规模的大小，调整自身的补助决策，其中政府会倾向于对容易扭亏为盈的企业提供补助。

我国证券制度规定，上市公司连续两年净利润为负会被特殊处理，股票名前冠以“ST”，连续三年净利润为负将被给予退市风险预警，股票名前冠以“ * ST”，若在停牌后半年以内无法实现盈利，将被终止上市。“ST”“ * ST”与退市对于上市公司与当地地方政府都会带来不利影响：一是上市公司的管理者、投资者、债权人与其他利益相关者的利益都会受损；二是停牌或是退市会使上市公司的股票交易停摆，再融资能力大打折扣；三是公司上市与退市，都会间接地影响地方政府的政绩，从而影响政府官员的升迁。而上市公司即便失去生产能力，作为“壳资源”市场仍保有一定价值，在我国现行的核准制下，公司正常上市所花费的时间与金钱成本高，且有可能临门一脚却被发行审核委员会“枪毙”，到二级市场通过资产置换或反向收购的方式借壳或买壳上市成为另一选择，近年来虽然注册制改革已经被提上日程，但是我国证券市场仍不完善，这也无疑使“壳资源”市场的活跃程度不减。“壳资源”对地方政府也具有很高价值，既可以获取借壳费用，也可以作为利益交换的砝码，促进当地的投资建设，例如，某地方政府欲出让其控制的两个“壳资源”，要求买壳企业在当地投资 8 亿元事业项目，而不需另外的买壳费用。亏损上市公司会有强烈的动机进行盈余管理，主要以地方政府补助为主的线下项目进行。

在现实中，我国亏损上市公司的盈余管理现象时常出现。例如，上市公司依靠资产剥离与投资收益等方式以微利状态延后亏损时间；上市公司一年巨亏，之后一至两个年度扭亏的情况时有发生，存在人为调增收益的可能性；某些地区上市公司作为独苗，即便已经停产已久，仍然获得地方政府巨额补助得以续命。陆建桥运用不同的应计利润模型对亏损上市公司的盈余管理进行实证检验，并得出与事实相符的结论。当上市公司无法通过自身努力来扭亏时，地方政府会主动或者被动响应企业的求救信号，提供政府补助，使企业避免陷入退市的风险中。

上市公司管理者与股东作为内部信息人，清楚公司真实会计盈余，而证券监管部门作为外部信息人，从披露的财务报告中获知的是调整后的会计盈余。上市公司可利用信息不对称与契约的不完备进行盈余管理，规避风险。我国特殊的证券发行与退市制度给予地方政府参与亏损上市公司的盈余管理的操作空间与政治动机。基于以上分析，作出如下假设：

H2：地方政府在作政府补助决策时会考虑企业的历史业绩，更倾向于补助连续亏损的企业。

三、数据与变量

（一）数据来源

本文以我国A股市场2013—2016年发生过“实际亏损”的上市公司作为研究样本，并用以下标准进行剔除：一是金融业企业的财务结构、财务指标内容、适用的会计方法与会计准则与其他行业的上市公司存在差异，遵从前人研究惯例，将其从研究样本中剔除；二是考虑到4年财务数据的完整性，剔除2012年以后上市的公司。据此标准，共得到有效样本3 492个。其中，非公用事业与公用事业样本的划分标准，参考申银万国行业分类一级行业与Wind行业分类一级行业。按照此划分标准得到公用事业样本236个，非公用事业样本3 256个。上市公司相关的财务数据除地方政府补助外，均来自Wind金融终端，上市公司相关的各省财政数据来自中经网统计数据库，地方政府补助数据从上市公司样本披露的年报中手动搜集获得。

（二）模型与变量设计

本研究的变量定义汇总见表1。被解释变量为地方政府补助，考虑到地方政府是否提供补助以及提供多少补助，设计虚拟变量Local_sub1表示该上市公司是否获得地方政府补助，连续变量Local_sub2表示上市公司获得的地方政府补助规模。解释变量是上市公司亏损情况。本文探讨公司亏损情况时将其划分为当期亏损规模与历史亏损情况。当期亏损规模以当期净利润扣除地方政府补助的绝对额Loss以及扣除补助后的净资产收益率Proe为衡量指标。借鉴Chen的研究结果，当扣除补助后的净资产收益率在（－10%，0）之间时，企业较可能通过盈余管理实现扭亏为盈，故而将扣除补助后的净资产收益率设定为虚拟变量。历史亏损情况以上市公司前一年度或者前两年度的净利润情况为衡量指标，即Lossagain1和Lossagain2。

本研究的控制变量包括：第一，财政分权程度。采用滞后一期的地方人均一般公共预算支出Local_ex1和地方一般公共预算支出的绝对数值Local_ex2作为衡量指标。第二，政策性负担。这涉及两个方面：社会性政策性负担与战略性政策性负担。本文分别以上市公司的雇员数量的绝对值Employee与公司是否处于战略性新兴行业Industry作为衡量指标。上市公司是否处于战略性新兴行业，由2013—2016年度上市公司各年所属证监会小类行业、国家发展和改革委员会发布的《战略性新兴产业重点产品和服务指导》与公司介绍参考交叉比对而成，并且2013—2015年行业比对适用的是《战略性新兴产业重点产品和服务指导》(2013版)，2016年行业比对适用的是《战略性新兴产业重点产品和服务指导》(2016版)。第三，企业的产权性质。以上市公司是否为国有企业来加以衡量。此外，本文还控制了各省当地企业数量、上市公司的规模、营业收入、税收情况等特征。

表1　　变量定义汇总表

变量		定义
地方政府补助	Local_sub1	如果地方政府提供补助为1，否则为0
	Local_sub2	地方政府补助绝对数值
财政分权程度	Local_ex1	上市公司所在省份的人均年度财政支出
	Local_ex2	上市公司所在省份的年度财政支出
雇员规模	Employee	上市公司雇员的绝对数量
战略性新兴行业	Industry	如果上市公司所处行业是战略性新兴产业为1，否则为0
国有企业	Nature	如果上市公司是地方国有企业为1，否则为0
当年亏损	Loss	当期上市公司扣除政府补助的净利润绝对数值
	Proe	如果扣除政府补助的资产收益率在(−1%，0)之间为1，否则为0
历史亏损	Lossagain1	如果上市公司前一年度净利润为负则为1，否则为0
	Lossagain2	如果上市公司连续前两个年度净利润为负则为1，否则为0
地区上市公司数量	Local_num	所在省份的上市公司数量
税收	Tax	税收的绝对数值
公司规模	Asset	总资产的自然对数
营业能力	Revenue	营业收入的自然对数

(三)描述性统计

表2列示了2013—2016年上市公司政府补助情况。从表中可看出，政府补助上市公司已逐步常态化，无论是补助的公司数量，或是补助总额、每家公司获得补助的平均值与中位数，都呈现上升态势。2014年后政府补助的覆盖率均在95%以上，2015年后政府补助的总额上升了一个台阶，达到1 600亿元以上。从表中还可以观察到，历年政府补助的平均值都远远高于政府补助的中位数，说明政府补助对部分上市公司会有所倾斜，并非相对平均地分配，金字塔顶端的上市公司会拿到更为巨额的政府补助，例如，中石油每年可拿到近100亿元的补助，中石化每年也可拿到近50亿元的补助。政府在切分补助“蛋糕”时有自身的倾向性。

表 2　　政府补助的描述性统计

	2013 年	2014 年	2015 年	2016 年
获得政府补助上市公司数量(家)	2 330	2 494	2 728	2 966
全部上市公司数量(家)	2 455	2 579	2 802	3 029
政府补助覆盖率	94.91%	96.70%	97.36%	97.92%
政府补助总额(亿元)	1 011.53	1 232.55	1 607.07	1 678.21
政府补助平均值(万元)	4 341.33	4 942.06	5 891.01	5 658.15
政府补助中位数(万元)	1 126.47	949.52	1 171.22	1 304.07

资料来源:Wind 金融终端,由笔者整理而成。

表 3 对地方政府补助下企业的盈亏情况进行了统计。从表中可看出,2013—2016 年扣除政府补助的"实际亏损"上市公司占全部上市公司的比例在 15%左右,其中有超过 30%的"实际亏损"企业通过地方政府补助扭亏为盈,只有 5%左右的"实际亏损"没有获得政府补助,而其他近 95%的企业也通过政府补助降低了亏损水平,在一定程度上扭曲了企业的业绩。进一步分析得到,即便上市公司处于亏损的困境中,地方政府基本上会伸出援助之手,但不会"一视同仁"地作出补助决策。一方面,地方政府需要从自身角度出发,考虑其财政收支状况与需要实现的经济政治目标;另一方面,上市公司的亏损情况也会对其的补助决策产生影响。

表 3　　地方政府补助与企业盈亏情况统计表

		2013 年	2014 年	2015 年	2016 年
上市公司总数	数量(家)	2 455	2 579	2 802	3 029
亏损上市公司	数量(家)	238	264	360	241
	占比(总数)	9.69%	10.24%	12.85%	7.96%
"实际亏损"上市公司	数量(家)	396	419	502	395
	占比(总数)	16.13%	16.25%	17.92%	13.04%
通过政府补助扭亏为盈	数量(家)	158	155	142	154
	占比(总数)	6.44%	6.01%	5.07%	5.08%
	占比(实际亏损)	39.90%	36.99%	28.29%	38.99%
"实际亏损"上市公司无补助	数量(家)	25	23	24	17
	占比(总数)	1.02%	0.89%	0.86%	0.56%
	占比(实际亏损)	6.31%	5.49%	4.78%	4.30%

表 4 列示了回归分析中需要用到的全样本的相关变量的描述性统计。从表中可看出,无论是因变量政府补助提供的可能性与金额,还是雇员、地方财政支出等自变量的数据,都存在较大差异。

表 4 **全样本变量描述性统计**

Variable	Mean	Std. Dev.	Min	Max
Local_sub1	.9292669	.2564152	0	1
Local_sub2	5.08e+07	1.99e+08	0	4.26e+09
Local_ex1	15751.273	23734.96	2412.310	151627.19
Local_ex2	5981.056	2742.02	2742.027	13446.09
Employee	4885.107	10918.44	7	196026
Industry	.4092211	.4917606	0	1
Nature	.067583	.251065	0	1
Loss	−6.52e+07	8.61e+08	−1.79e+10	1.21e+10
Proe	.2809278	.4495167	0	1
Lossagain1	.2935281	.4554435	0	1
Lossagain2	.0718786	.2583237	0	1
Local_num	163.6833	135.2515	10	506
Tax	2.67e+08	9.33e+08	22455.3	2.37e+10
Asset	9.61e+09	2.89e+10	3083701	7.75e+11
Revenue	5.70e+09	1.54e+10	0	2.47e+11

四、实证结果

表 5 是全样本、公用事业样本与非公用事业样本的回归分析结果。可以观察到，在公用事业样本的回归结果中，指标的显著性在不同的模型间存在差异，说明地方政府对该类上市公司补助时更多考虑其公用事业特性。

我们最为关注的是企业亏损对政府补助获取的影响。Proe、Lossagain1 与 Local_sub1、Local_sub2 在四个模型中显著正相关，而 Lossagain2 在所有样本中均不显著，部分验证了假说。这说明地方政府在进行补助决策时会考虑上市公司的盈亏情况。地方政府相对于经营状况良好的上市公司，更倾向于对亏损线边缘的公司雪中送炭。退市相关制度给地方政府较大压力，但地方政府介入公司盈余管理的时机会选择上市公司亏损后的第一年度，而非连续亏损两年后的第三年。盈余管理时机的选择可能有以下几点考虑：一是证券监管在制度与执行上日趋严格，而完全出于保壳目的的地方政府补助逐渐受到监管层面与股票市场的排斥；二是如果不在第二年对上市公司的业绩进行调整，很大可能性会受到 ST 的特别处理，从而影响股票的正常交易，进而影响上市公司的融资功能，同时也会对第三年扭亏为盈带来较大的压力。Loss 在三个样本中都呈现在多元线性回归中呈显著负相关而在 Logit 模型中并不显著的特征，这一结果说明企业的亏损情况会在一定程度上影响政府补助的数额，而无法保证补助获取的绝对性。对于这一结论，可能的原因如下:根据上文数据统计而得,超过九成的上市公司都能获得补助,政府补助的覆盖面极大,使得上市公司的亏损情况对于是否获得补助的可能性的影响被削弱;而政府更有可能会因上市公司的实际亏损情况而调整补助的金额,以相对低的成本与风险达到更为“满意的方案”,故而政府在作补助数额的决策时会受到上市公司的亏损情况的影响。

Local_ex1 与 Local_sub1、Local_sub2 显著负相关,与许罡的研究结果一致。可能的原因有以下几点:一是我国地方政府竞争中,各级政府相对于政府补助为主的支出竞争,更倾向于提供税收优惠的税收竞争,而税收竞争在一定程度上会增加提供政府补助的机会成本,使得地方政府会减少补助支出;二是财政分权程度还可能改变地方政府的财政支出结构,财政分权程度高的地方政府倾向于增加提升地区居民福利水平的社会性支出,减少给上市公司补助的经济性支出;三是在我国,财政分权程度较高的地方政府在开发土地、完善基础设施建设方面会投入大量资本,以此带来的投资机会有溢出当地的可能性,减少企业超额投资的机会,可以改善当地的社会经济结构。

Employee 与 Local_sub1、Local_sub2 在四个模型中均在 0.05 水平以下显著正相关,说明对于雇员更多,即承担更多社会性政策性负担的上市公司,地方政府的补助力度会更大,也间接证明了地方政府补助上市公司有实现就业目标的动机。Industry 与 Local_sub1、Local_sub2 均在 0.01 水平以下显著正相关,说明行业因素会对地方政府补助决策产生影响,地方政府对战略性新兴产业存在补助的偏向。这也从侧面说明地方政府有引导产业发展与升级的功能。Nature 系数在 0.05~0.1 水平以下显著。这说明地方政府倾向于对当地的地方国有企业补助,地方国有企业与当地政府之间的关系也最为紧密,地方政府补助对于部分地方国有企业来说已成为弥补业绩的法宝。

表 5　　企业亏损对获取政府补助的影响

VARIABLES	全样本		非公用事业样本		公用事业样本	
	(1)	(2)	(1)	(2)	(1)	(2)
	Local_sub1	Local_sub2	Local_sub1	Local_sub2	Local_sub1	Local_sub2
Local_ex1	−1.12e−05*	−219.5***	−1.19e−05*	−220.2**	−1.03e−05	−884.2
	(−1.75)	(−7.24)	(−1.78)	(−2.20)	(−0.27)	(−1.47)
Employee	1.33e−05**	2,804***	1.30e−05**	2 797***	8.43e−05	7 809***
	(2.27)	(7.66)	(2.13)	(7.37)	(0.90)	(4.94)
_IIndustry_1	1.345***	4.294e+07***	1.379***	4.646e+07***	1.384**	6.691e+06
	(7.52)	(6.80)	(7.18)	(6.87)	(2.42)	(0.71)
_INature_1	0.630***	1.251e+07***	0.639***	1.129e+07***	0.217*	2.555e+07*
	(6.31)	(6.59)	(3.25)	(3.35)	(0.25)	(1.91)
_IProe_1	0.334**	1.225e+07*	0.325**	1.343e+07*	0.439	6.378e+06
	(2.05)	(1.79)	(1.92)	(1.84)	(0.67)	(0.62)
_ILossagain_1	0.405**	1.633e+07**	0.431***	1.628e+07**	0.105	1.184e+07
	(2.64)	(2.18)	(6.69)	(2.04)	(0.18)	(1.05)

续表

VARIABLES	全样本		非公用事业样本		公用事业样本	
	(1)	(2)	(1)	(2)	(1)	(2)
	Local_sub1	Local_sub2	Local_sub1	Local_sub2	Local_sub1	Local_sub2
_ILossagainal	0.0996	5.348e+06	0.181	5.224e+06	—	−1.260e+07
	(0.40)	(0.41)	(0.71)	(0.37)		(−0.60)
Loss	6.74e−11	−0.0245***	7.56e−11	−0.0251***	−3.52e−10	−0.0147*
	(1.10)	(−6.46)	(1.21)	(−6.32)	(−0.69)	(−1.83)
Tax	−9.69e−11	0.0316***	1.25e−10	0.0329***	3.32e−09	0.0290
	(−1.23)	(6.07)	(1.59)	(6.08)	(1.50)	(1.10)
Asset	−0	0.00195***	−0	0.00202***	0	0.00130*
	(0)	(11.87)	(0)	(11.66)	(0)	(−1.78)
Revenue	0	0.00146***	0	0.00145***	−1.63e−10	−0.00461*
	(0)	(4.35)	(0)	(4.19)	(0.82)	(1.96)
Local_num	−0.000848	7 284	0.00114*	10 673	0.00167	86 175**
	(−1.53)	(0.31)	(1.94)	(−0.43)	(0.78)	(2.25)
Constant	1.940***	3.230e+06	1.926***	3.090e+06	1.863***	1.293e+06
	(12.66)	(0.46)	(11.99)	(0.41)	(2.83)	(0.10)
R-squared	0.251	0.373	0.396	0.471	0.521	0.487

注：*** $p<0.01$，** $p<0.05$，* $p<0.1$；括号内为 t 值。

在稳健型检验中，本文将 Local_ex1 换为 Local_ex2 作为财政分权的衡量指标。表 6 为此次检验得到的结果，与表 5 中的回归结果基本一致，没有对上述结论产生冲击。

表 6 **稳健性检验**

VARIABLES	全样本		非公用事业样本		公用事业样本	
	(1)	(2)	(1)	(2)	(1)	(2)
	Local_sub1	Local_sub2	Local_sub1	Local_sub2	Local_sub1	Local_sub2
Local_ex2	−0.000216***	−2 787**	−0.000230***	−3,323***	−0.000142	746.0
	(−5.25)	(−2.44)	(−5.35)	(−6.61)	(−0.77)	(0.23)
_IProe_1	0.336**	1.239e+07*	0.323*	1.364e+07*	0.427	6.553e+06
	(2.06)	(1.81)	(1.90)	(1.87)	(0.66)	(0.64)
_ILossagain_1	0.453***	1.592e+07**	0.486***	1.570e+07**	0.104	1.236e+07
	(2.93)	(2.12)	(3.00)	(1.96)	(0.18)	(1.09)
_ILossagainal	−0.0802	−5.591e+06	0.155	5.535e+06	—	9.949e+06
	(−0.32)	(−0.42)	(0.61)	(0.60)		(0.47)

续表

VARIABLES	全样本		非公用事业样本		公用事业样本	
	(1)	(2)	(1)	(2)	(1)	(2)
	Local_sub1	Local_sub2	Local_sub1	Local_sub2	Local_sub1	Local_sub2
Loss	−5.72e−11	−0.0244***	−6.47e−11	0.0250***	−3.28e−10	−0.0153*
	(−0.94)	(−6.44)	(−1.04)	(6.30)	(−1.53)	(−1.90)
Controls	Yes	Yes	Yes	Yes	Yes	Yes
R-squared	0.248	0.370	0.395	0.465	0.509	0.483

注：*** $p<0.01$，** $p<0.05$，* $p<0.1$；括号内为 t 值。Controls 代表表 5 模型中的控制变量。

五、研究结论

地方政府补助上市公司逐步常态化，地方政府补助作为财政支出的手段之一，也有其存在的合理性与必要性。本文从政府补助相关理论出发，运用理性决策理论与有限理性决策理论的思路与视角，以 2013—2016 年"实际亏损"上市公司为研究对象，通过理论分析与实证研究，考察了企业亏损对上市公司获得政府补助的影响。通过实证研究发现，虽然财政分权程度、政策性负担、企业的产权性质与亏损情况等因素或多或少都会对地方政府补助决策产生影响，但是企业的产权性质在不同的样本中都呈显著正相关。相较于前人研究将企业的产权性质区分为国有企业与民营企业，本文将关注点放在地方国有企业上。地方国有企业与地方政府的联系最为紧密，而地方政府对地方国有企业的信息了解最全面与深入，通过政府补助也最能实现自身的利益目标，从有限理性角度分析，地方政府对地方国有企业提供补助相较于补助其他性质的企业，是最为"满意"的方案。本文通过实证研究也得出，在上市公司处于业绩不理想的条件下，地方政府更倾向于补助地方国有企业。从地方政府竞争理论出发讨论财政分权程度与地方政府补助决策的关系，通过实证研究发现，财政分权程度越高，地方政府对"实际亏损"上市公司的补助反而越少。从理论上说，财政分权程度越高，地方自治程度越高，地方政府竞争也越激烈。在我国，地方政府主要通过土地开发与完善基础设施和社会服务等方式吸引外部资本进入与保留本地区人才，通过政府补助保留上市公司资格，并不是出于地方政府参与竞争的目的。政策性负担会影响地方政府的补助决策。政策性负担包括社会性政策性负担，即由于冗员及员工社会福利而产生的负担；战略性政策性负担，即由于进入战略性新兴产业，企业自身不具备竞争优势，而陷入亏损的困境。对于承担政策性负担而处于亏损困境的上市公司，地方政府都会给予一定的政府补助作为补偿。

参考文献：

[1]Chen X, Lee C W J, Li J. Government assisted earnings management in China[J]. *Journal of Accounting and Public Policy*, 2008, 27(3), 262—274.

[2]Kornai J. *Economics of Shortage*[M]. Amsterdam: North Holland, 1980.

[3]Musgrave R. *The Theory of Public Finance*[M]. New York: McGraw-Hill Press, 1959.

[4]Andrei S, Vishny R. Politicians, Firms[J]. *Quarterly Journal of Economics*, 1994, 109(4): 995—1025.

[5]曾建光，步丹璐，饶品贵．无偿划转、政府补贴与社会福利[J]．世界经济，2017(5)：147—168.

[6]黄志雄，赵晓亮．财政分权、政府补助与企业过度投资——基于宏观视角与微观数据的实证分析[J]．现代财经(天津财经大学学报)，2015，35(10)：3—11.

[7]林毅夫．繁荣的求索：发展中经济如何崛起[M]．北京：北京大学出版社，2012.

[8]陆建桥．中国亏损上市公司盈余管理实证研究[M]．北京：中国财政经济出版社，2002.

[9]许罡，朱卫东，张子余．财政分权、企业寻租与地方政府补助——来自中国资本市场的经验证据[J]．财经研究，2012，38(12)：120—127.

[10]赵晓亮．财政分权与地方政府补贴——基于上市公司数据的实证分析[J]．宁夏社会科学，2016(2)：84—88.

[11]朱松，陈超，马媛．双向资金占用与上市公司资本投资[J]．南开管理评论，2010，13(1)：116—124.

非关税贸易壁垒来源、特征及测量方法研究进展

金则杨

摘　要： 近年来，贸易保护主义愈演愈烈，各种贸易壁垒得到了越来越多的使用。据 WTO 统计，我国已经成为全球贸易壁垒的第一目标国，且贸易壁垒种类多达 35 种，使用关税这类贸易壁垒的次数仅为总数的四分之一，非关税壁垒得到了越来越多的使用，但有关这方面的研究却较少。现有的文献大多是对较为常见的反倾销或者技术性壁垒进行研究，缺乏对非关税壁垒整体上的整理和分析。本文通过对国内外有关非关税壁垒的研究文献进行归纳和总结，着重考察了非关税壁垒的发展来源、特征以及测量方法，进而对化解非关税壁垒问题提出粗浅的政策建议。

关键词： 非关税贸易壁垒　贸易保护　测量方法　文献综述

一、引　言

自 20 世纪 70 年代以来，发达国家越来越多地使用非关税壁垒作为新贸易保护主义的手段，有关的非关税壁垒(NTBs)的研究也随之兴起。Grosse 和 Kujawa 首先提出了最常见的几类非关税壁垒，并且探讨了配额和补贴的经济贸易效应；Hillman 和 Wan 对此进行了总结，提出了非关税壁垒这一概念，以便和传统的关税加以区分，分别从价格和数量两个方面加以衡量。Baldwin 则具体分析了这些常见非关税壁垒的福利效用。Neven 和 Wyplosz 对于技术性壁垒的作用效果具体加以分析，讨论了本国产品和外国产品之间的替代性以及国内市场的竞争程度关系。

贸易壁垒多种多样。一般而言，一国对外国商品和劳务进口所实施的各种限制措施总称为贸易壁垒，大体上可以分为两大类：一类是关税壁垒，是指进出口商品经过一国海关国境时，由政府设置海关向进出口商征收关税形成的一种贸易障碍。关税是各国中运用最为常见的手段。另一类是非关税壁垒。随着 WTO、区域关税协定的兴起，各国的关税大幅下降，但随之产生了大量的更为隐蔽的非关税壁垒。非关税壁垒是指除关税以外

本文得到中央高校基本科研业务费专项资金(项目编号：CXJJ-2018-330)的资助。

作者简介：金则杨，上海财经大学商学院世界经济专业博士研究生，研究方向为国际经济学。

的一切限制进口措施所形成的贸易障碍。目前较为常见的非关税壁垒有反倾销、反补贴、政府购买、技术性贸易壁垒、进口许可证、外汇管制、进口最低限价等。

关税壁垒由于容易量化、数据易得，已经有大量的文献对此进行研究，但是非关税壁垒由于种类繁多，各类壁垒之间差别很大，且有些数据难以获得，目前还缺乏系统性的研究。非关税壁垒按照作用实施的对象又可分为直接措施和间接措施。直接措施是指进口国采取某些措施，直接限制进口商品的数量和金额，包括进口配额、进口许可证、外汇管制、进口最低限价等。间接措施是通过对进口商品制定严格的条例、法规等间接地限制商品进口，如歧视性的政府采购政策、苛刻的技术标准、卫生安全法规、检查和包装、标签规定以及其他各种强制性的技术法规等。根据 WTO 规定，政府实施的措施具有下列情形之一的，视为贸易壁垒：第一，违反该国（或地区）参与的多边贸易条约或者双边贸易条约；第二，对产品或服务进入该国（或地区）市场或第三国（低于）市场构成或者可能构成不合理的阻碍或限制；第三，对中国产品或服务在该国（或地区）市场或第三国（地区）市场的竞争力造成或可能造成不合理的损害。在实践中，较为常见的贸易壁垒主要体现在如下几个方面：违反承诺的关税措施；缺乏规则依据的进口管理限制（包括通关限制、国内税费、进口禁令、进口许可证等）；缺乏科学依据的技术法规、产品标准、合格评定程序、卫生与植物卫生措施；不合理的反倾销、反补贴、保证措施等贸易救济措施；政府采购中违反有关规定限制进口的做法；出口限制；补贴；贸易服务准入和经营限制、不合理的与贸易有关的知识产权措施、其他贸易壁垒等。

那么我们需要考虑，为什么各国政府越来越偏好于非关税壁垒。这个问题的答案可能并不唯一，Deardorff 提出了一些认为可能的解释：比如 GATT/WTO 的规则限制了国家之间的关税的使用；（出口的）公司和员工会试图影响国家政策的选择；需要考虑贸易伙伴对于政策的反应和报复；以及各国政府也不确定到底哪些政策会真正起作用，因而尝试性地使用更加多样化的贸易壁垒。Deardorff 还认为各国政府更加频繁地使用非关税壁垒是因为他们认为现有的关税措施不能有效地降低进口。下面本文将对各种非关税贸易壁垒进行重点介绍。

二、非关税壁垒的来源

对于非关税壁垒进行定义最大的难度在于，它不是通过“什么是非关税壁垒”来定义，而是通过“什么不是非关税壁垒”来定义，即列举所有不是关税的壁垒类型。因此，非关税壁垒不仅包括关税配额、自愿出口限制这些我们常见的贸易扭曲政策，还包括那些潜在的过渡政策，甚至是还没有被大家所发现的政策。这些政策可能来自官方立法或者政府政策，有些甚至只是一些非正式的措施，按照 Deardorff 和 M. Stern 的总结，具体包括：第一，已公布的或者未公布的政府条例或政策；第二，市场结构；第三，政治、社会和文化制度。这些非正式制度的来源可能是，政府对于国内的利益考虑超过了外国，或者是一些植根于国内制度实施的副产品。

对于第一类，已公布的或者未公布的政府条例或政策是最为常见的，例如歧视性的许可证可能导致进口配额或者出口约束。海关流程的构建依赖于价格价值的度量和成本管理的方法。而且反倾销、关税补贴以及其他这些不公平的贸易行为会改变现有的贸易环境，使得国外的供应商感受到环境的不确定性，从而进一步损害现有的贸易政策。

对于第二类，行业市场结构可能是完全竞争，也有可能是少数几个公司垄断寡头。不同国家之间行业竞争水平的差异也会对贸易产生阻碍。由于市场结构是一个已经给定的环境，因而这是政府在制定政策的时候必须考虑的部分。例如，不同国家在企业的公共拥有、垄断化和经济活动管制方面存在较大差异。给定这些差异，当国内政策妨碍了国外制造者的利益时，这些监管就会成为一种贸易障碍。政府的政策对促进竞争的市场结构和勾结共谋的市场结构是存在很大的差异的。如果这对国外的供应者形成了一种抑制，那么也就形成了一种非正式的贸易壁垒。

制度因素是非关税壁垒的另一个来源，这种制度因素是政治制度、社会制度和文化制度的总称。例如，在美国这种联邦制国家，有时候州政府不允许与联邦政府政策存在抵触的政策通过，但是这种一致并不是总能达成的。加拿大也有类似的情形，各省都有着自己的采购政策，各省对于自己拥有的自然资源也有着不同的措施。不同政府出于不同的国家利益，会造成他们的社会、文化制度和政策有着非常显著的区别。例如，政策上的国家差异影响可以居住的房屋和土地，而这反过来又会显著地影响私人储蓄行为和流动账户。美国和日本在这一点上就有着明显的差异。而且消费者的偏好和消费习惯会受到国内的社会和文化环境的影响，这使得他们相较于外国商品，更加偏爱本国商品。那么，消费者行为的国别差异是否也应该被考虑为一种非正式的贸易壁垒？这还有待进一步研究。

三、非关税壁垒的特征

观察所有存在的正式或非正式贸易壁垒，很难找到一个单一的分析框架囊括所有的非关税贸易壁垒。不像关税，使用一个数字就可以对这种壁垒作一个完整的定义，非关税壁垒需要多个参数才能对壁垒的特征进行完整的描绘。下面本文将会对这些壁垒的所有特征进行描绘。

（一）进口数量的减少

非关税壁垒大多数常常会导致进口数量的减少。

（二）进口价格的增加

进口实际价格或者影子价格对于需求者的影响会传导到进口的数量，在其他经济行业对于经济的活动有着更多的影响，这也是对于非关税壁垒的一种重要测量维度。除此之外，给定关税的长期经验，也更容易被理解。

（三）进口需求弹性的改变

正如已经提到的，非关税壁垒常常影响进口需求曲线的斜率。而且像配额这类非关税壁垒会减小这种弹性，因此，对于一些特殊种类的 NTB，也可能会改变弹性。即使配额没有显著地减少进口的初始价格，也可能在面临国内公司的竞争时，改变他的需求弹性。

（四）非关税壁垒的变化性

非关税壁垒的另一种重要特征是扩展了它随时间推进的影响。不像关税，非关税壁垒常常被定义为一个独立于市场条件的相对基础数量或者价格。如果这些基准被固定了，那么当基础的供给和需求条件、汇率和其他市场条件改变时，非关税壁垒也将有效地发生变化。

（五）非关税壁垒的不确定性

所有的政府政策在实施的时候都存在不确定性，例如，反倾销和反补贴调查这些非关税壁垒被施加到国际贸易中时，会具有更多的不确定性。而这种不确定性有时候带来的后果甚至超过壁垒本身。

（六）非关税壁垒的福利成本

对于任何一种贸易壁垒的实施，对于他们福利损失的测量都是非常重要的一部分。已有大量研究表明，贸易壁垒会造成福利损失，但是各类非关税壁垒的福利计算尚没有一个统计的框架。

四、非关税壁垒的测量方法

非关税壁垒的种类繁多，其测量方法也大相径庭。如禁止进口、配额、技术性壁垒作用于进口的数量，但反倾销则兼具数量效应和价格效应，还可能通过进口价格的变化进而影响进口的数量和福利。本文将挑选几种常见的非关税壁垒，对它们的测量方法和福利损失进行介绍。

（一）配额（Quotas）

配额是最直接的非关税壁垒，同时它也被认为是最明显和典型的非关税壁垒，相对于其他壁垒而言，配额的效果显得更为直接和简单。进口配额是对于进口最简单的量化限制。政府如果想要把某种商品在某些年份的进口数额限制在一定范围内，那么就会规定一个数额，并且禁止所有超过这个数额的商品进入国境。

如果需要计算配额的作用效果，我们可以先假设这些商品没有使用配额。实施配额强制命令会不可避免地导致进口商品在国内市场的价格上升。假如在某个行业设置一个进口配额，禁止超过 q 的商品进口，按照世界市场的观点，因为配额限制了进口的总数量，而市场对于该产品的需求必然是大于 q 的，这必然会导致进口价格的增加。

政府对于这种配额制度的管理，常见的方法就是通过进口许可证的拍卖。在每一年开始的时候，政府会确定这一年的进口配额数目，然后在公开的竞争投标市场进行拍卖。这些许可证允许再次被卖到其他市场，竞争将会对于许可证建立一个均衡的市场价格，但是这会导致国内和外国市场的不一致。实际上，这种配额管理方法接近于关税，它等于进口许可证价格的复刻，因为它不仅使得国内价格大于国外价格，而且使得政府获得额外的价格收益。

另一种管理办法是把允许进口的配额免费分配给进口公司。一旦这个分配被实施，公司接受的价格差异将会作为国内和国外市场的纯租赁。如果这种分配存在于大量有效数额的公司，他们将会在国内市场互相竞争。这个情形也与关税类似，因为这里来自于非关税壁垒或者说配额租赁的收入，确切地说就是分配谁能进口的权利。这样肯定存在额外的扭曲，但是，这取决于分配怎样在这些公司中进行。如果这些分配是基于政治基础，例如潜在的进口公司是在政治化的出口许可证市场上进行投标，那么公司会通过游说或者其他手段来获得这种配额的权利。如果这种分配是基于经济基础，那么公司就会存在扭曲行为的动机以便获得这种指标。例如，如果分配时基于公司的规模，用公司的资本存量的账面价格进行测量，那么配额就变成了他们资本回报的部分租金，公司就会存在过度投资的动机。如果分配是基于国内的销售，那么如果公司获得了国内资源供给的来源，他们将会扩张他们的国内销售以便得到更多的配额。

此外，还有一些其他的问题可能存在于供给端。如果国外供给是完全竞争，而且国外政府不会对配额政策产生反应，那就不需要更多的处理。但是，如果国外公司或者国外政府拥有市场势力进行提价，那样的情形就会变得不同。一个众所周知的趋势就是拥有配额的出口者会倾向于提高他们的生产线，相比获得配额之前会有更高的生产质量。这样会最大化他们获得进口许可证的报酬，因而会导致消费者购买商品价格的普遍上涨。

通过贸易流的回归测量优于使用配额的测量，因为这些测量倾向于关注数量而不是价格。除了通过走私，贸易的数量相比于价格更易被测量。那么唯一的问题就是配额，如果他们不总是有约束，对于这样一个非线性回归的行为就会存在测量问题。还有一个需要考虑的问题是配额是否有用，这取决于管理的方法。进口许可证用来分配配额，进口许可证的价格在公开市场上可以通过政府或者其他公司进行购买，这个购买的价格对于配额商品的价格有着重要的影响。如果配额许可证不是被拍卖或者市场化交易，一些备选的价格可能才是最优的选择。有些价格是否可解和合适取决于进口商品的持续性，因而也可以获得一些特殊的价格数据。方法的具体步骤是：第一，比较国内商品价格和进口到岸价格；第二，把进口价格和其他国家的可比价格作对比；第三，把进口国家的国内价格和出口国家的进口价格作对比。无论是哪种最合适的价格比较，任何测量方法的价格都取决于收集到的需要的价格数据。如果许可证的价格不是可以获得的或者因为供给侧的价格配额的影响不是有用的，或者由于缺乏数据使得价格的比较无法进行，那么就需要更为一般的价格模型进行测量。

（二）*差额税*(Variable Levies)

相比于配额，差额税更加特殊一些，历史上被欧盟和瑞典使用，用于保护本国的农业。与配额类似的地方在于，它往往被认为是配额的镜像。配额就是固定了进口的数量，差额税固定的是它们的价格。这种差额的变动是瞬时的，海关部门在边境收取一定的差额费用，而这个费用的数额等于目标价格和发票价格的差额。当国内价格上升时，如果进口的需求曲线向右旋转，因为配额的存在，进口数量仍然保持不变，相应地，差额税也将保持国内价格不变。在这点上，差额税、关税和配额表示的意思是一致的。

如果差额税能够被尽量简单地描述和应用，与配额类似的这个收益将被进口国家的政府收取。事实上，政府有动机完全获得这个经济利润。给定差额会随着目标国的价格变化而变化。对于支付价格的人而言，这些都是无差额的；对于外国的出口者，他们将在提高价格上面临着更少的约束，即使在与其他出口者竞争时也是如此，因为进口者没有足够的动机去买更低价格的供应商品。假定进口国政府可以通过监控世界价格来防止过度课税，但是在操作上是十分困难的。因此，在实证中，差额税的效应是较难进行测量的。在前面配额的说明中，外国的供应商会对价格的上升作出自己的反应，这个差额就是配额在国内合约的价格。

(三)自愿出口限制(VER)

自愿出口限制是一类非常重要的关税保护政策,特别是在 1995 年乌拉圭回合之前,包括美国在内的其他国家曾经广泛使用自愿出口限制(VER)。假设构建一个简单的出口限制模型,有一个简单的国外出口国家供给进口商品。自由贸易的供给和需求曲线在均衡时候的价格、数量分别相同。VER 限制对出口数量 q 的限制,导致供给曲线的扭曲,因为国外的出口者将会限制供给。VER 本质仍然是一种出口配额,我们前面关于配额的处理都可以运用到 VER 上面。特别是,如果国内公司拥有垄断市场势力,他们将会降低给国外出口者的支付,作为他们自己收取的一部分配额租金。同样的,国外出口者的影子价格也将更难被观测到,因为出口许可证将会直接分配给生产者,而不是那些在公开市场购买商品的独立国外贸易商。因此,独立的价格比较是很难直接测量出 VER 的效应的,用一般测量非关税壁垒的方法将会低估 VER 的作用效果。

然后,如果遭受自愿出口限制的出口企业把商品卖到其他市场,可以是另一个出口市场,也可以是另一个国内市场,这种比较将会存在更多的困难。在一些 VER 的例子中,数量效应比价格效应更容易测量,因为数量效应允许 VER 的实际交易数量都是可以观测的。然而,不存在 VER 情形下的交易价格需要用模型精确地模拟行业供给和需求随时间推移的变化,这也是衡量 VER 效应最困难的部分。

(四)政府购买条例(Government Procurement)

在很多种情形下,国内需求者对于本国产品相比于国外进口者具有更高的需求,无论是对于来自国外的任意国家的商品,还是来自特定某个国家的商品。一个最为明显的例子就是政府购买条例的偏好,政府机构在采购商品时展示了对于本国制造商品的偏好。这种非关税壁垒是东京回合谈判中提出的,并且在乌拉圭回合中进行了扩展。许多政府也同意在很多领域使用这种手段来对本国产品加以保护。因此,这也是一种广泛使用的贸易壁垒,值得我们进行深入研究。虽然政府管制可能相比于其他种类的贸易壁垒更加正式化,但对他们使用效果的测量仍然是一致的。而且在政府管制和关税之间还有两个重要的差异。第一,除非政府是商品选择的唯一需求者,那么政府的这种隐含的关税就只是所有需求的一个子集。非政府的需求仍然可以按照正常的价格在国内供应商与国外供应商之间进行分配。因此,当我们加总两个组的需求者来获得国家总的需求效应,这种隐含关税的效果将是小于 10%的。也就是说,政府对于商品的总需求将是小于或者等于 10%的。取决于商品的本质,政府和非政府需求的差别对待将会影响私人行业的反馈,为了满足政府的偏好,国内公司可以更多地进口国外商品,然后出售给本国政府。如果这个事情发生了,政府购买管制的影响将会下降到更低,甚至接近于零,这样可能就会高估这种壁垒的影响。第二,与前面关税的例子作对比,进口决策的价格是不可观测的。这就意味着,如果我们使用任何传统的方法来测量非关税壁垒,我们不可能成功地抓住政府购买的实际效用。即使国内的产出商品对于进口商品是完全替代的并且价格能够完全体现政府的偏好,包含进口的商品价格仍然不能完全评估政府购买需求的影响。

(五)国内补贴(Domestic Subsidies)

对于国内行业的补贴是国际贸易不平衡的另外一个来源,因为补贴会使得国外竞争者在竞争上处于不利的地位。国内补贴包括多种形式，从信贷保护到投资的税收减免，与现金支付实际上是等价的。

如果补贴的数额是固定的，我们就可以直接用国内补贴来衡量贸易的扭曲程度。然而，这种做法存在一些问题，国内补贴的数量往往过高地估计了非关税壁垒对于贸易的作用效果，而没有考虑补贴到底是减少了进口还是刺激了进口，或者两者兼而有之。我们可以通过等价产出(OSE)补贴来进行测量。这种方法通过计算每单位产出的补贴支付占成本的百分比来测量。补贴可变的投入，通过减少额外产出的边际成本来测量成本减少的百分比。补贴是随着时间推进而支付的，如果保持公司或者工厂运营而不是关闭公司，就能通过 OSE 补贴进行测量，来衡量补贴的效用。一次性的补贴，例如初始投资的融资资本补贴，也对增加公司产出的容量有正的效用。

(六)反倾销(AD)和反补贴措施(CDM)

反倾销是指国外商品的出口价格低于其在国内的价格或者低于成本。反补贴是用于抵消外国政府对于出口企业的补贴。一旦被实施，反倾销和反补贴与简单的关税类似，不需要进一步的严格分析。但是，建立起这类措施的流程还是会对贸易产生扭曲。这个流程或许会被作为国外生产者提升价格的信号，因此来改变他们的出口价格，从而规避反倾销的风险。如果倾销和补贴在世界范围内是一种可以被接受的行为，那么就很难对出口者的价格作出具体的分析。在反倾销的例子中，如果结算的是价格接收者，那么这个价格相比于以往的价格就是关税等价的；但是如果是数量接收者，那就可以通过弹性转换为价格效应。如果一个特殊的国家或者行业倾向于使用反倾销措施，那么这个价格比较与 VER 具有相似的效果。

(七)技术性壁垒(TBT)

每个国家出于自己的原因，对于不同的产品制定了不同的标准、技术制度和准则，这些准则可能会作为技术壁垒阻碍贸易。如果这个准则被认定为技术性壁垒，不在于这个标准有没有被实施，而是这个标准是不是会对本国和外国商品区别对待。使用价格比较作为区分的效果可能是有限的，因为价格比较不能完全体现贸易壁垒的作用效果。一般而言，我们可以通过如下方法来进行推断：第一，相比于国内商品，国外商品应用了更高的技术标准；第二，对于进口商品有更加严格的管制；第三，对于进口的流程更加缓慢。但以上的判断方法都是相对定性的，甚至有些就是主观上的判断。技术性壁垒一旦被认定，就和配额或者自愿出口限制有了相同的作用效果，可以使用类似的衡量方法。

五、政策建议

非关税壁垒的盛行在很大程度上是为了规避 WTO 规则带来的限制。面对各种层出不穷的非关税壁垒，我们也应该积极利用 WTO 规则来保护自己的利益，在此大致有如下几种方法：

(一)建立信息库和完善的预警机制

建立信息库和预警机制有两个方面的意义：一方面，了解国外的法律、法规和行业标准，建立相应的数据库，即了解所在市场对什么商品采取什么样的政策和措施，以及当地制定的各种标准在实施中遇到了什么问题;另一方面,了解外国的产业发展和市场动态,可以为出口企业的决策提供充足的信息支持。

（二）规范市场与政府行为

这也包含两个方面的意义:第一,在出口市场上少部分企业的行为可能会对整个国家和行业的声誉带来不利影响,因此,对于不当出口的企业,政府应当规范立法,严厉打击,净化出口市场。第二,在合乎法律规范的情况下,减少政府的行政指令和指标设定,在有些情况下为了经济指标会下达行政指令,导致低品质产品充斥出口市场,而低品质产品往往是低价格,低价值产品的大量倾销会带来出口目的国企业的敌意和报复。盲目的行政指令还会干扰正常的经济秩序,为国外实施非关税壁垒提供口实,使我们在国际谈判中处于不利地位。

（三）提高企业技术、管理水平

目前我国企业在技术和管理水平上与发达国家还存在一定差异,国外可以以环境或者安全名义制定新的标准,这些标准不会影响那些技术水平较高的产品,但恰好会对我国的低技术产品产生影响,而这些标准往往很难被 WTO 认定为歧视性贸易政策。

（四）有目的性逐步减少我国企业的出口补贴

一直以来的出口导向政策对我国的出口起到了极大的促进作用,但补贴也会导致出口企业的低效率,我国应该着力把出口产品结构从大量的低技术产品逐步转变为高技术产品。

（五）充分发挥行业协会的作用

行业协会可以有效填补企业和政府空白,发挥价格协调、收集产业数据、帮助企业应诉等作用。在当前贸易争端日渐严重的背景下,单个企业往往难以独自面对出口目的地国的法律诉讼,而政府频繁地给企业背书会落下口实,引起出口目的国的敌意和强硬反弹,此时行业协会可以更好地发挥作用,在不需要我国政府出面的情况下,有效地保护我国出口企业。

（六）开放与扩大进口

中美之间巨大的贸易顺差一直是美国政府攻击的重点,扩大进口可以有效减少我国贸易顺差,减少贸易纠纷。扩大进口尤其是高科技产品的进口可以通过技术溢出提高我国企业的技术水平,另外,我国进口壁垒的下降也可以为其他国家减少非关税壁垒的使用起到示范作用,促进全球的贸易自由化,增加我国消费者的福利等。

参考文献:

[1]Baldwin R. Hysteresis in Import Prices: The Beachhead Effect[J]. *American Economic Review*, 1988,78(4):773—785.

[2]Blonigen B A, Haynes S E. Antidumping investigations and the pass-through of antidumping duties and exchange rates[J]. *American Economic Review*, 2002, 92(4):1044—1061.

[3]Bloom N, et al. Uncertainty and Investment Dynamics[J]. *The Review of Economic Studies*, 2007,74(2):391—415.

[4]Charlier C, Guillou S. Distortion Effects of Export Quota Policy: An Analysis of the China-Raw

Materials Dispute[J]. *China Economic Review*,2014(31).

[5]Cook B. Colchester Aims for Variable Levy[J]. *EN*,2011 (1915).

[6]Deardorff A,Stern R M. Measurement of Non-Tariff Barriers.

[7]Gallaway M P,Blonigen B A,Flynn J E. Erratum to "Welfare Costs of the U. S. Antidumping and Countervailing Duty Laws"[J]. *Journal of International Economics*,2000,52(1).

[8]Gervais J,Lapan H E. Time Consistent Export Quotas in an Oligopolistic World Market[J]. *Journal of International Economics*,2002,56(2).

[9]Hillman A J,Wan W P. The Determinants of Mne Subsidiaries' Political Strategies:Evidence of Institutional Duality[J]. *Journal of International Business Studies*,2005,36(3):322—340.

[10]Hranaiova J,de Gorter H. Rent Seeking with Politically Contestable Rights to Tariff-Rate Import Quotas[J]. *Review of International Economics*, 2005,13(4).

[11]Jarvis L S. The Rise and Decline of Rent-Seeking Activity in the Brazilian Coffee Sector:Lessons From the Imposition and Removal of Coffee Export Quotas[J]. *World Development*,2005,33(11).

[12]Kagitani K,Harimaya K. Safeguards and Voluntary Export Restraints Under the World Trade Organization[J]. *Japan & the World Economy*,2015(36).

[13]Lapan H,Gervais J P. The Nonequivalence of Import and Export Quotas in Strategic Equilibrium [J]. *Review of International Economics*,2004,12(1).

[14]Mcdonald H. Protectionist Responses to the Crisis:Damage Observed in Product-Level Trade [R]. *IMF*,2011.

[15]Neven D. J,Wyplosz C. Relative Prices, Trade and Restructuring in European Industry[J]. *Social Science Electronic Publishing*,1996,4(3):126—137.

[16]Nordström H. Do Variable Levies Beggar Thy Neighbour? [J]. *European Journal of Political Economy*,2001,17(2).

[17]Ohashi H. Erratum to "Anticipatory Effects of Voluntary Export Restraints:A Study of Home Video Cassette Recorders Market,1978—1986"[J]. *Journal of International Economics*,2002,58(2).

[18]Shin D. Transfers, Import Quota and Welfare:A Two-Country Three-Agent Model[J]. *International Economic Journal*,1994,8(1).

[19]Song E Y. Voluntary Export Restraints and Strategic Technology Transfers[J]. *Journal of International Economics*,1996,40(1).

[20]鲍晓华．反倾销措施的贸易救济效果评估[J]. 经济研究,2007(2).

[21]程可．自动出口配额与"自限"协定——资本主义的一种非关税壁垒[J]. 国际贸易问题,1978(2).

[22]邓德雄．反倾销和反补贴重复救济问题及其司法审查研究——兼析美国国际贸易法院非公路用轮胎双反案判决[J]. 国际贸易,2009(11).

[23]顾海英．我国农产品走向国际市场中的关税和非关税壁垒的应用[J]. 上海经济研究,2001(3).

[24]韩玉军．试析自愿出口限制的成因及经济后果[J]. 国际经贸探索,1993(3).

[25]黄铂．非关税壁垒对我国国际贸易发展的影响及对策[J]. 中国商贸,2010(8).

[26]金祥荣．关贸总协定的"灰色区域"——自愿出口限制的保护机制及其经济效应[J]. 国际贸易问题,1993(12).

[27]兰天．自愿出口限制的经济学困惑及政治经济学解释[J]. 国际贸易问题,2004(4).

[28]李国秋．非关税壁垒竞争情报研究[J]. 情报理论与实践,2005(1).

[29]李长英．在平行进口条件下的一个进口配额保护模型[J]．财经研究，2004(6).

[30]林晓军．非关税壁垒的新发展与对策研究[D]．福州大学，2006.

[31]刘勇、朱瑜．论反倾销与反补贴对我国国内产业安全的保障作用[D]．国际贸易问题，2011(2).

[32]陆建明、王文治．资源产品出口管制政策的效果分析——出口税与出口配额的比较[J]．经济管理，2011(12).

[33]吕刚．转向新型 NTB——非关税壁垒使用及实证分析[J]．国际贸易，2002(4).

[34]任烈．贸易保护主义、进口配额及其对策的探讨[J]．世界经济研究，1998(3).

[35]沈国兵．美国对中国反倾销的宏观决定因素及其影响效应[J]．世界经济，2007(11).

[36]宋玉华、杜群阳．非关税壁垒的最新发展、经济影响及应对策略[J]．浙江社会科学，2003(6).

[37]谈民宪．非关税壁垒:理论与现实的沿革和变迁[J]．当代经济科学，2006(5).

[38]王晶．欧盟非关税壁垒措施分析[J]．北方经贸，2003(8).

[39]王阳．WTO 框架下美国与欧盟补贴与反补贴法律制度的比较研究[D]．天津财经大学，2014.

[40]王轶南．多边贸易体制下中国应对非关税壁垒问题研究[D]．东北林业大学，2007.

[41]王志明，袁建新．技术性贸易壁垒的影响及中国的对策[J]．世界经济，2003(7).

[42]夏友富．技术性贸易壁垒体系与当代国际贸易[J]．中国工业经济，2001(5).

[43]张海东．技术性贸易壁垒形成机制的经济学分析[J]．财贸经济，2004(3).

[44]张小蒂，李晓钟．论技术性贸易壁垒对我国农产品出口贸易的双重影响[J]．管理世界，2004(6).

[45]仲鑫，王稳．主要非关税壁垒措施的效应及对策研究[J]．中国海洋大学学报(社会科学版)，2004(6).

[46]周锦秀，孙东升．非关税壁垒的重要形式——中国农产品及食品出口受阻的技术壁垒分析[J]．国际贸易，2005(5).

准公共品视阈下图书馆服务边界的有效拓展研究

冯经纶

摘　要： 图书馆的传统特性决定了其隶属于准公共品范畴，如何借助数字化与信息化进行公共服务边界的有效拓展成为当今的重要议题。研究分析了消除信息鸿沟与数字藩篱的实践操作步骤，并提出图书馆公共边界拓展的几项重要措施：数字共享发展、特色资源培育、知识服务转型与收入渠道开源，以最终实现任何人都可随时随地获取无所不在的开放性信息及服务，让图书馆真正成为公益性、均等性、普惠性的窗口，提供跨越边界的更优质的公共服务。

关键词： 准公共品　拥挤产品　信息技术　资源数字化　数字共享经济　特色资源

一、图书馆准公共品属性的认定

在理论上，按照受益范围可以将产品划分为公共产品、私人产品和混合产品（准公共品）。公共产品的特征是非竞争性与非排斥性，从这种特性上来讲，即使是公共图书馆，也并不具备完全意义上的"公共"性，因为图书馆具有排斥性和一定范围的非竞争性，所以只能属于混合产品。对于东部省份某个城市的公共图书馆，西部省份的居民是无法享受到其提供的实体服务的，即使这个图书馆对全国人民保持开放。

从技术上讲，在图书馆的使用上将某些读者群排斥在外是非常容易的，如必须办理读者证才被准许入内。高校图书馆尤为明显，必须持有校园一卡通才能通过门禁系统。在2017年有48家高校图书馆对中小学生开放，但这些图书馆绝大多数在双休日、国家法定节假日、寒暑假并不对中小学生开放，并设定了团体预约的门槛。《中华人民共和国公共图书馆法》（以下简称《公共图书馆法》）第四十八条提出："国家支持学校图书馆、科研机构图书馆以及其他类型图书馆向社会公众开放。"但为了避免校园变成公园，部分高校的校园都停止对外开放，公众要想进入必须提前递交参访预约，这种情况下，高校图书馆作为高校的一个部门向社会公众开放既不可能，也不现实。柯平从时代性和专业性两方面对《公共图书馆法》进行了解读，指出文化立法对图书馆事业发展的里程碑意义，但是即使是

作者简介：冯经纶，上海财经大学图书馆馆长助理，中国财经教育资源共享联盟秘书处秘书。

最新的法律也无法完全处理行业发展中的新问题。公共图书馆在“公共”性外延上较之高校图书馆确实有所扩大，但仍旧属于混合产品的范畴，而且其公共属性越高，供给越是不足。李露芳和何义珠曾专门讨论农村公共图书馆服务供给困境，建议鼓励市场与私人的自愿供给以满足农民的有效需求，尽管在实践中很难达到这样的目标。表1将国内图书馆按所属主管部门分为不同类型，分析其开放性、教育性和服务性三个特性，以对其公共属性进行考量。

表1　按所属主管部门进行分类的国内不同类型图书馆的公共属性

图书馆类型	所属主管部门	开放性	教育性	服务性	公共属性
公共图书馆（国家、省、市、县区、街道、社区）	文化部	高		高	较高
院校图书馆（高等学校、中等专业学校、中小学）	教育部		高	高	中等
专业（科学）图书馆	相关机构			高	较低

注：图书馆类型还存在按藏书范围、读者对象、载体资源等不同分类方法，在此不再赘述。

在图书馆的使用（消费）上存在一个饱和界限，当读者远未达到饱和界限时，使用具有非竞争性，增加一个读者并不会减少其他读者从图书馆中获得的收益，也不会因此而增加图书馆的成本。然而，当使用趋于饱和状态时，再增加读者势必会影响其他读者对图书馆的使用，占位与纠纷就开始出现，因此，这种非竞争性局限在一定范围之内，或者说局限于饱和界限范围之内。这种饱和界限相当于给图书馆划定了一个消费阈值范围，使得这种消费既不同于私人产品的受益严格内部化，又有别于公共产品的受益完全外部化，而是有了一个比较清晰的利益边界，即大家使用同一个图书馆，并且使用这个图书馆所产生的利益被限定在一定的边界范围内。随着消费增加，边界范围内闲置的、可使用的资源在减少，当消费数量逐渐趋于饱和界限，拥挤问题便由此而生。因此，图书馆归属于混合产品当中的拥挤产品，见图1。

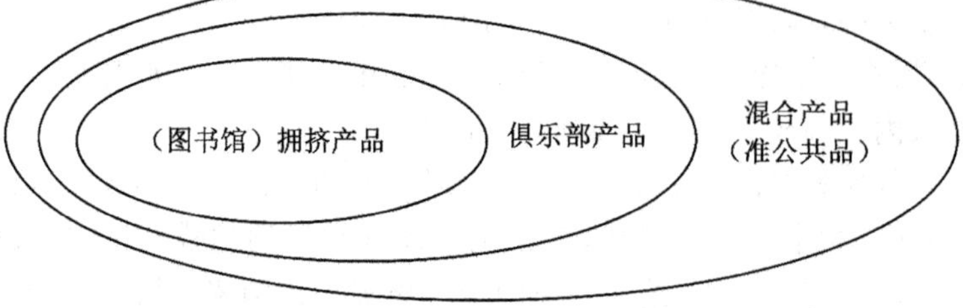

图1　图书馆产品公共特性的归属范围

现实中，在复本有限的情况下，一个读者借阅势必影响其他读者对此书的借阅；在座位有限的情况下，一个读者的使用势必影响其他读者对此空间的利用。此即为拥挤，尽管这些资源在名义上是“公共”的。因此，拥挤产品的获益群体仅仅是俱乐部成员等少数人，并不能覆盖广泛意义上的公众群体，有幸的是数字化与信息化的发展打破了这种限制。

二、信息技术对图书馆准公共品属性内涵与外延的扩展

图书馆的三要素包含空间、资源(纸本资源与数字资源)、馆员(服务)。如果以图书馆建筑面积作为空间评定的标准,以图书馆专业技术人才作为衡量馆员的标准,可以发现2011—2016年间图书馆建筑面积和专业技术人才只有极小幅的增长,而与此同时图书馆网站的访问量却增长4倍以上(见表2),从侧面说明公众对图书馆网络资源需求的爆发式增长与空间配置和馆员数量并不相称。由于空间和馆员存在地理上的制约,因而图书馆无法提供更广范围的公共服务,必定是拥挤产品性质。

表2　　中国图书馆的几项重要指标

	2011年	2012年	2013年	2014年	2015年	2016年
图书馆建筑面积(平方米)	38 511 964	39 630 397	41 517 302	42 655 712	43 759 855	44 548 014
图书馆专业技术人才(人)	36 541	37 939	39 440	40 186	40 251	
图书馆网站访问量(页次)	498 968 828	1 567 837 551	1 614 819 403	1 954 164 415	2 228 227 344	2 152 421 450

资料来源:中国文化部、国家统计局、中宣部和国家新闻出版广电总局。

如果图书馆以提供纸本文献为主,则天然形成地域上的隔阂,成为俱乐部产品。而若图书馆以提供数字文献为主,则这些电子资源可以分享给远方的需求者,进而成为受众更加广泛的公共品。相对于纸本文献的局限性,数字文献具有广泛性、普遍性和适应性,近年来,随着纸本文献的逐渐式微,数字文献的蓬勃发展,图书情报转型为数字情报,按信息数据的发展以存量乘以流通速度计,图书馆公共属性的外延在不断扩展。因此,《中华人民共和国公共图书馆法》第四十条明确:"推动公共图书馆利用数字化、网络化技术向社会公众提供便捷服务。"扩展图书馆准公共品内涵与外延便落在数字资源这一要素上,以达到数字资源的公共产品性质。

信息技术的蓬勃发展,让图书馆开始摆脱以藏为主的思想体系。图书馆必须从"重建设、轻利用"和"重保存、轻服务"中转变,由关注数据的采集保存过渡到效能发挥上,让识别采集可见、可获取、可分析,让数字资源从"为我所有"升格到"为我所用"。当今数字学术图书馆一站式服务可以将数字化采集、数字化教学、数字化出版、数字化科研全部解决。云计算、物联网、大数据、人工智能等技术深度应用,互联网经济使信息技术、资源配置、网络空间实现了泛在化,形成颠覆性、智慧性、开放性、平等性的信息文化格局,开辟了一个无处不在和随手可得的信息空间。可以这样讲,信息技术越先进,图书馆公共服务的外延就越大(见表3)。

表 3　　五代图书馆的特征比较

图书馆代	名　称	特　征
第一代	古代藏书楼	秘藏,数量少,图书整理
第二代	阅览空间	有限开放,藏阅并重,书刊借阅
第三代	文献中心	文献资源,藏阅合一,信息服务
第四代	复合图书馆	物理图书馆＋数字图书馆
第五代	泛在图书馆	泛在网络,信息、技术、服务合一

资料来源:柯平．重新定义图书馆[J]．图书馆,2012(05):1－5＋20.

信息技术的发展表面上使不同人群得以无差别地获取知识(见图 2),而实质上其内在禀赋的差异使得人群之间的数字鸿沟在逐渐扩大,譬如某个专业知识的传播仅限于这个专业团体内部,集合彼此之间产生孤立与隔阂。群体间信息的流动渠道不畅,乃是数字时代最大的不公。如何消除信息鸿沟与数字藩篱,成为新的难题。这不仅仅需要信息技术和人工智能上的突破,更需要共享经济理念的跟进配套。

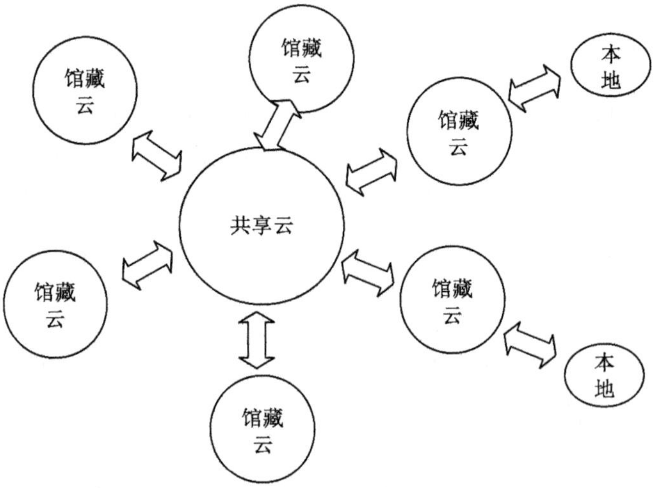

图 2　共享的资源优势

在操作中可以分步骤推进:首要的是各图书馆逐渐加大数字资源的订购比重,并通过元数据规范将特色馆藏数字化,比如将实体资源印本书刊、孤本平装、古籍善本、磁介质(音像制品和缩微胶卷)、光盘、家谱、碑帖、拓片、字画、手稿等特色馆藏数字化可以更好地分享给地域之外的需求者;然后是数字资源的网络呈现与共享,设立数据库资源的异地访问链接;最终是运用“互联网＋”,成立国内图书馆数字运维平台,将国内所有图书馆连接起来,按类型按主题将数字资源统一展示,实现“一站式”搜索和分布式计算,为辐射范围涵盖全国的读者提供均等化信息服务。在信息技术的实践中,我国已经大致进入到第二阶段。

三、当前图书馆公共属性扩展的困局

国际图书馆协会联合会颁布的公共图书馆服务标准为每 5 万人口有一个公共图书馆，有效服务半径 4 公里，人均拥有公共图书馆馆藏量应达到 2 册。而我国平均 46 万人口才有一个公共图书馆，平均服务半径 57 公里，人均拥有公共图书馆馆藏量 0.58 册(2014 年数据)，公共文化服务均等化水平很低。我国公共图书馆数量及人均拥有公共图书馆馆藏量在 2011—2012 年有一个小幅抬升，但后续增长乏力。即使到 2017 年，人均拥有公共图书馆馆藏量也仅达到 0.70 册，与国际图书馆协会联合会颁布的标准仍有不小差距，见图 3。

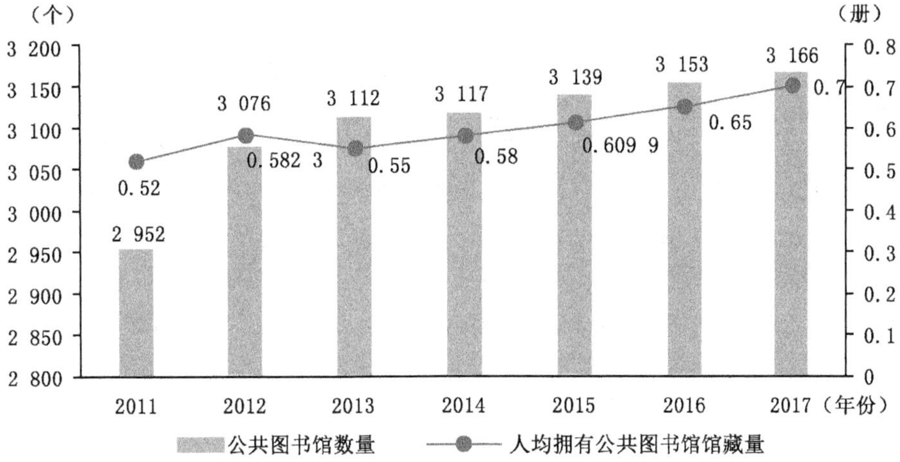

资料来源：国家统计局。

图 3　中国公共图书馆数量及人均拥有公共图书馆馆藏量

构建行政区域上立体纵深的公共文化服务体系，使图书馆深入每一个乡镇的目标难以实现，但是达到公共图书馆数字化系统全覆盖的目标却是可行的，所以有些边界不能一厢情愿地扩张，有些边界却必须打破。《公共图书馆法》提出要强化对未成年人、老年人、残疾人等特殊群体的人文关怀，破解城乡、区域、人群发展的不平衡，然而，信息时代真正的不平衡还是在于信息获取渠道的不平衡。

图书馆作为重要的信息服务机构，肩负传播知识、传承文明、支持创新、促进发展的重大使命，在泛在信息社会环境下也面临着被边缘化的风险。现实问题经常是以图书馆 70%的人力资源来处理占比 30%的纸本图书，而占比 70%的电子资源和数据库却没有得到有效处理，这会造成图书馆人力资源与数字资源的双重浪费。一个鲜明的比较是，银行与图书馆一样同样是重要的服务业部门，但各大银行都在持续撤销大部分营业网点，纸币消失了，金融还在；磁带消失了，音乐还在；纸本消失了，知识还在，消失的是介质，不变的是实质。资源的数字化是长期趋势，在信息时代无人可以抗衡这种趋势，实体资源虚化成为映像，并不会在实质上改变图书馆价值与内涵。

四、图书馆公共边界拓展的有效措施

图书馆公共事业在信息时代的重生，可以归结为数字共享发展、特色资源培育、知识服务转型与收入渠道开源几大趋势。

（一）数字共享发展

信息技术使云共享＋移动终端来代替纸本文献，以虚拟来代替实物，让读者享受云共享资源带来的随时随地的便利。正如大规模网络开放课程慕课的盛行推进了未来教育形态的转变，共享云通过分布式计算可以使资源配置动态化和需求服务自主化，高度整合国内外各种资源，将图书馆变成知识信息的集散地。图书馆从本馆收藏到无边界化，从区域提供到国际服务，无处不在，没有围墙没有障碍，真正实现信息民主，让人人享有自由平等地利用信息资源的权利。

平台化的系统架构是实现数字现代化管理与服务的前提，共享平台连接信息孤岛，拓宽学术研究的信息覆盖度，利用大数据和人工智能进行分析、处理、建模、预测，为学术研究指明方向。开放获取（Open Access）作为一种典型存在，通过全文在线获取、免费阅读、不受约束传播和长期储存模式，让更多人享受到免费的信息资源、促进学术信息交流、推进科学信息传播、充分利用科研成果、长期保存研究成果。而政府在共享经济中的有所作为，推动了国内主要的图书馆资源共享体系的建立，使公众看到图书馆在数字共享事业中的光明前景。表 4 列出了国内主要的图书馆资源共享体系及其建设内容。

表 4　国内主要的图书馆资源共享体系及其建设内容

国内主要的图书馆资源共享体系	建设内容
全国文化信息资源共享工程	将社会文化信息资源进行数字化加工处理与整合，通过文化信息资源网络传输系统，实现优秀文化信息在全国范围内的共建共享。
公共电子阅览室建设计划	以网络通信技术为基础，提供集互联网信息查询、文化共享工程信息资源服务、数字图书馆服务、素质培训、网络通信、休闲娱乐为一体的现代化多功能公共文化服务场所。
数字图书馆推广工程	建设覆盖全国的数字图书馆虚拟网、互联互通的数字图书馆系统平台和海量分布式数字资源库群，形成完整的数字图书馆标准规范体系，借助全媒体提供数字文化服务，通过数字资源技术和标准规范为公共数字文化建设提供强有力的服务资源保障与技术标准支撑。
国家公共文化数字支撑平台	在覆盖全国的六级服务网络设施设备基础上，运用云计算、大数据等新型技术模式和架构，为公共文化机构提供开放互动、共建共享的统一服务平台，提高数字文化服务设施的综合利用率，提升数字文化资源的整体共享能力与传播服务效率。
国家科技图书文献中心（NSTL）	统筹协调完整收藏国内外科技文献信息资源，制定数据加工标准规范，建立科技文献数据库；利用现代网络技术，提供多层次服务，推进科技文献信息资源的共建共享；组织科技文献信息资源的深度开发与数字化应用，开展国内外交流与合作。

续表

国内主要的图书馆资源共享体系	建设内容
中国高等教育文献保障系统(CALIS)	通过文献信息服务网和文献信息资源及数字化建设，实现系统的公共检索、馆际互借、文献传递、协调采购、联机编目等功能，达到信息资源共建共知共享目标，深化资源有效开发与利用，提高高等院校教育科研的文献保障水平。
大学数字图书馆国际合作计划(CADAL)	提供一站式个性化知识服务，将包含理、工、农、医、人文、社科等多种学科的科学技术与文化艺术，包括书画、建筑工程、篆刻、戏剧、工艺品在内的多种类型媒体资源进行数字化整合。
中国高校人文社会科学文献中心(CASHL)	集成学科优势、文献资源优势和服务条件优势，系统引入国外社科资源，借助现代化网络服务体系，为高校、研究机构和科研人员提供综合性文献信息服务。
中国高校机构知识库联盟(CHAIR)	推进全国高校机构知识库的建设，推动学术成果的开放获取，促进学术成果的广泛应用。

目前国家大力提倡文献资源数字化共享，并在国家层面、地区层面、高校之间架设起这样行之有效的共享体系，但对于图书馆来讲还是远远不够的，毕竟在目前的技术条件下，共享的技术支撑和需求都已远远超越以前，如何发掘数字共享经济的效能，还有很长的道路要走。

(二)特色资源培育

数字共享经济越是发展，特色资源培育就越是重要。特色化信息资源，无论是专业特色、地方特色、类型特色或是文种特色，都是图书馆的生存之本，也是其持续发展的物质基础。“越是民族的，就越是国际的。”泛在信息环境下，数字资源的建设应当成为图书馆信息资源建设的重点，既然商业数据库可以通过高校图书馆数字资源采购联盟(DRAA)的集体采购实现资源共享，单个图书馆的建设重点就可以放在原生数字资源、机构知识库、特色数字资源库、网络 OA 资源及灰色文献资源等。特色资源按载体、学科、主题、人物、地域等划分为多种类型，可以根据图书馆的资源定位进行整理和揭示，提高图书馆社会影响力和信息服务竞争力，形成人无我有、人有我优的特色，展示图书馆的个性与价值。

资源分割、重复建设、低水平运作是数字化与信息化时代的大忌。馆际协作的优势在于取长补短，优势互补，数字资源共享为图书馆提供了一个辽阔广泛的服务空间，强化单个馆的资源优势可以促使其他图书馆认真研究资源发展问题，逐渐培植区域性特色馆藏，否则人有我无，人无我无，就无法进入协作交流之中，只有在特色馆藏资源基础上，通过馆际协作实现资源合理配置和共享，才能满足区域经济发展的需求。数字化特色馆藏是基础，是依据，决定着协作的水平和质量；馆际协作是手段，是途径，是使资源有效充分利用的方式。在区位发展和整体布局中，必须牢牢把握突出优势是数字资源共享前置条件的重要命题，总的来说就是要突出特色，合理布局，优势互补。

(三)知识服务转型

当图书馆从纸本资源向数字资源换代升级，人工智能的虚拟参考咨询、自动编码与智能数据处理可以胜任很多馆内常规业务工作，这时馆员就可以极大地解放出来提供延展性更多的服务，并让这种服务成为一种超越地域的存在，提升具有更广泛视域的公共化服务水平。图书馆基于知识元的整合，不再以内容和存储为中心，而是以读者需求为中心建立知识流动机制，从资源网络转变成知识网络，关注知识的产生、传递、转化、创新和应用，依托交互式网络覆盖整个知识生命周期。馆员要利用新技术进行流程设计、组织加工、决策分析、文献计量学研究、数据挖掘和知识发现，并通过知识挖掘与知识发现为读者提供获取知识的便利途径，做知识的导航员。当然实现从文献服务到知识服务，从资源共享到服务共享，未来要求馆员具有较高的专业素养与业务水准。坚守图书馆的人文精神与服务传统，学科馆员更应该通过参考咨询、教学科研和学科服务提供优质产出，优化图书馆服务的供给侧结构。

除此之外，还可以发动社会力量增加图书馆公共产出。以志愿和互惠理念为出发点，社会资本通过地方社会网络、社团组织、社会互动、公共事务参与、志愿活动等内嵌入图书馆文化活动中来，产生杠杆效应，扩展了图书馆公共服务的半径。可以通过图书馆的邀请参与，鼓励虚拟馆员、技术合作伙伴和其他人的贡献，使用户体验达到最好，或者运用读者沙龙系统，鼓励读者开展评论、推荐、解读，形成网络文化氛围。图书馆广泛开展各种开放式的文化活动，丰富读者和公众的求知、交流、娱乐和创新等精神文化生活，要结合经济社会、文化教育、科学事业发展的实际需要，配套以完善的经费保障制度，支持图书馆拓展新的服务领域，开展形式多样的公益活动，为创建学习型社会提供丰富的知识资源，为公民终身学习提供优质的公共服务，通过讲座、展览、报告、论坛、研讨为公民提供丰富多彩的社会教育活动，借开放共享的契机提高全民素养，推动科学发展进程。

（四）收入渠道开源

当前图书馆收入来源主要依赖国家的财政拨款进行维持，但财政拨款毕竟是有限度的。要想寻求事权与财权的统一，就必须借助市场的力量开拓新的收入来源，这与图书馆混合产品的性质相契合，在经济学上混合产品的提供方式一般是“市场提供＋政府补贴”或“政府提供＋市场参与”。但从国内图书馆收入来源成分中可以发现，近年来财政拨款之外的其他收入途径占比其实是严重不足的（见图 4）。

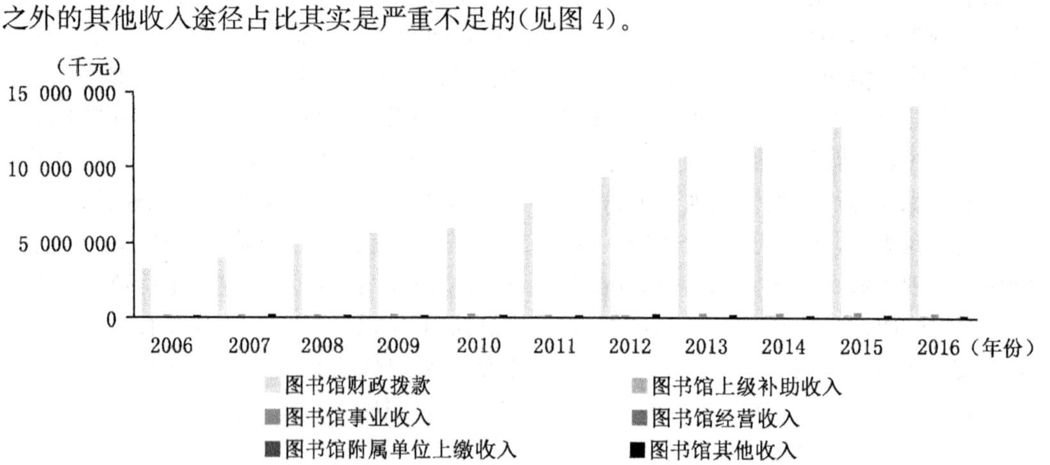

资料来源：中国国家统计局。

图 4　2006—2016 年十年间国内图书馆收入来源

在经济学上已经得到公认的是，混合产品的适当收费不仅不会降低其公共属性，反而会增加其公共属性，因此图书馆可以开展非营利的收费服务，并且在市场经济条件下，知识消费的观念已经深入人心，知识是有价值的也是公认事实。通过界定收费项目，收取合理的信息服务费用，可以提高共享服务的服务水准。当然，图书馆的投资主体可以更加多元，经营方式也可以更加灵活，最终目标是满足市场中多元和多层次读者需求，扩展公共服务的维度。

五、结语

在信息时代，图书馆的终极目标是使任何人都可以随时随地获取无所不在的开放性信息及服务，让图书馆属性更加向公共品靠拢。图书馆在实体上面向公众开放，既履行了社会责任，又提高了图书馆资源的利用效率，但其中仍存在着诸多掣肘因素。如何打破地域界线藩篱和身份识别认证，让图书馆成为公益性、均等性、普惠性的窗口，提供跨越边界的更优质的公共服务，本研究在图书馆公共边界拓展措施上进行了深入探究，分析了数字共享发展、特色资源培育、知识服务转型与收入渠道开源等可行渠道。教育领域的公共服务均等化的实现前提正是知识信息数字化获取的均等化，借助信息时代数字资源共享和服务内容扩充，图书馆由“资源有限，服务有限”进展到“资源无限，服务无限”，实现从教辅部门到职能部门，从被边缘化到舞台中心，在寻求传统公共服务与新角色之间的平衡中开启新的征程。

参考文献：

[1][美]斯蒂格利茨．公共部门经济学[M].3 版．郭庆旺，等，译．北京：中国人民大学出版社，2005：110.

[2]柯平.《公共图书馆法》的时代性和专业性[J]. 图书馆杂志，2017(11)：7—11.

[3]李露芳，何义珠．公共经济学视域中的国内农村图书馆普遍服务研究[J]. 图书馆建设，2013(12)：14—18.

[4]刘小琴．公共文化服务均等化的路径[J]. 图书馆杂志，2017，36(12)：4—8.

《公共治理评论》稿约

1.《公共治理评论》是由上海财经大学公共政策与治理研究院主办的学术文集，每年出版两辑。《公共治理评论》坚持兼容并蓄的原则，体现公共治理主体多元性、视角多面性的特色，并注重社会研究方法的科学性和前沿性。欢迎海内外学者赐稿。

2.《公共治理评论》设“专题讨论”“公共经济与管理”“理论与方法”“教学探索”等栏目。每期“专题讨论”的主题由编辑委员会确定；“公共经济与管理”为固定特色专栏；而“理论与方法”则是一个开放式栏目，既可刊登专题及公共财政以外的学术论文，也可刊登介绍有关公共管理领域中的学术研究动向。

3. 论文篇幅一般以 1 万～1.5 万字(包括注解、图表和文献)为宜。

4. 来稿应为电子文本，并需要符合《公共治理评论》文稿体例(见附件)。

5. 凡在《公共治理评论》上发表的文字并不代表《公共治理评论》的观点，作者文责自负。

6.《公共治理评论》编辑部有权对来稿按稿例进行修改。不同意修改者请在投稿时注明。每期执行主编负责具体工作。

7. 关于版权转让问题：稿件在《公共治理评论》发表后，该文的著作权、专有许可使用权和独家代理权授予上海财经大学公共政策与治理研究院。上海财经大学公共政策与治理研究院对该文具有以下专有使用权：汇编权(文章的部分或全部)、印刷权和电子版的复制权、翻译权、网络传播权、展览权、发行权及许可文献检索系统或数据库收录权。

8. 来稿请附作者署名、真实姓名、所属机构、职称学位、学术简介、通讯地址、电话、电子邮箱，以便联络。来稿请寄：publicgovernance@sina.com。

9. 投稿论文采用国际通行的匿名审稿制度。作者请勿一稿多投，一经发现将严肃处理。来稿 3 个月内未收到采用通知的，作者可自行处理。

附件：

《公共治理评论》文稿体例

1. 文稿由文章名、作者署名、摘要、关键词、正文、参考文献、脚注组成。

2. 对于作者署名，应在当页脚注中注明作者简介，至少包括姓名、所在单位及所属院系或部门、职称等内容。作者简介的脚注格式如下：

作者简介：姓名，××大学××学院副教授。

3. 摘要是对论文内容的简短陈述，一般是用极简要的语言将论文的主要研究途径、主要观点和结论加以概括和提炼。字数在200字左右。

4. 关键词又称主题词。选取原则是最能表达论文中心内容、标志论文主题的若干单词、词组或术语。关键词一般选择3～5个，按检索范围趋大的顺序排写。

5. 正文要求结构合理、条理清晰、观点明确、文字流畅。正文需分层次叙述的，可设置如下层级（根据需要，可以越层）：

一、××××	（无标点）
（一）××××	（无标点）
1. ××××××	（无标点）
(1)××××××。	（有标点）
①××××××。	（有标点）

6. 脚注（页末注）是对论文正文文句的注释，一般设置在须注释部分的当页页脚。脚注以数字加圆圈（如①）作为序号依次排列。每页脚注序号均从①开始排列。对于引用、参考、借鉴其他文献之处，不反映在脚注中，一律以文后参考文献注明。

7. 参考文献是写作论文时所引用、参考、借鉴的文献书目。文后应以作者姓氏拼音为序列出参考、借鉴的文献书目。参考文献的著录格式应符合国家有关标准：

(1)专著：

著录格式：[序号]主要责任者．题名：其他题名信息[文献类型标志]．其他责任者．版本项．出版地：出版者，出版年：引文页码[引用日期]．获取和访问路径．

示例：

[1]余敏. 出版集体研究[M]. 北京：中国书籍出版社，2001：179—193.

[2]昂温·G，昂温·P. S. 外国出版史[M]. 陈生铮，译. 北京：中国书籍出版社，1988.

[3]全国文献工作标准化技术委员会第七分委员会. GB/T 5975—1986 中国标准书号[S]. 北京：中国标准出版社，1986.

[4]辛希孟. 信息技术与信息服务国际研讨会论文集：A集[C]. 北京：中国社会科学出版社，1994.

[5]王夫之. 宋论[M]. 刻本. 金陵：曾氏，1845（清同治四年）.

[6]赵耀东. 新时代的工业工程师[M/OL]. 台北：天下文化出版社，1988[1988-09-26]. http://www. ie. nthu. edu. tw/info/ie. newie. htm(Big5).

[7]PEEBLES P Z, Jr. *Probability, random variable, and random signal principles*[M]. 4th ed. New York: McGraw Hill, 2001.

(2)专著中析出的文献:

著录格式:[序号]析出文献主要责任者. 析出文献题名[文献类型标志]. 析出文献其他责任者//专著主要责任者. 专著题名:其他题名信息. 版本项. 出版地:出版者,出版年:析出文献的页码[引用日期]. 获取和访问路径.

示例:

[1]陈晋镳,张惠敏,朱士兴,等. 蓟县震旦亚界研究[M]//中国地质科学院天津地质矿产研究所. 中国震旦亚界. 天津:天津科学技术出版社,1980:56—114.

[2]马克思. 关于《工资、价格和利润》的报告札记[M]//马克思,恩格斯. 马克思恩格斯全集:第44卷. 北京:人民出版社,1982:505.

[3]钟文发. 非线性规划在可燃毒物配置中的应用[C]//赵玮. 运筹学的理论与应用:中国运筹学会第五届大会论文集. 西安:西安电子科技大学出版社,1996:468—471.

[4]WEINSTEIN L, SWERTZ M N. Pathogenic properties of invading microorganism[M]//SODEMAN W A, Jr., SODEMAN W A. *Pathologic physiology: mechanisms of disease*. Philadelphia: Saunders, 1974: 745—772.

(3)连续出版物:

著录格式:[序号]主要责任者. 题名:其他题名信息[文献类型标志]. 年,卷(期)一年,卷(期). 出版地:出版者,出版年[引用日期]. 获取和访问路径.

示例:

[1]中国地质学会. 地质论评[J]. 1936,1(1)—. 北京:地质出版社,1936—.

[2]American Association for the Advancement of Science. *Science*[J]. 1883, 1(1)—. Washington, D. C.: American Association for the Advancement of Science, 1883—.

(4)连续出版物中析出的文献:

著录格式:[序号]析出文献主要责任者. 析出文献题名[文献类型标志]. 连续出版物题名:其他题名信息,年,卷(期):页码[引用日期]. 获取或访问路径.

示例:

[1]李晓东,张庆红,叶瑾琳. 气候研究的若干理论问题[J]. 北京大学学报:自然科学版, 1999,35(1):101—106.

[2]傅刚,赵承,李佳路. 大风沙过后的思考[N/OL]. 北京青年报,2004-04-12(14)[2005-07-12]. http://www.bjyouth.com.cn/Bqb/20000412/GB/4216%5ED0412B1401.htm.

[3]莫少强. 数字式中文全文文献格式的设计与研究[J/OL]. 情报学报,1999,18(4):1—6[2001-07-08]. http://periodical.wanfangdata.com.cn/periodical/qbxb/qbxb99/qbxb9904/990407.htm.

[4]CAPLAN P. Cataloging internet resources [J]. The Public Access Computer

Systems Review,1993,4(2):61—66.

(5)专利文献:

著录格式:[序号]专利申请者或所有者. 专利题名:专利国别,专利号[文献类型标志]. 公告日期或公开日期[引用日期]. 获取和访问路径.

示例:

[1]西安电子科技大学. 光折变自适应光外差探测方法:中国,01128777. 2 [P/OL]. 2002-03-06[2002-05-28]. http://211. 152. 9. 47/sipoasp/zljs/hyjs-yx-new. asp? recid=01128777. 2&leixin=0.

[2]TACHIBANA R,SHIMIZU S,KOBAYSHI S,et al. Electronic watermarking method and system: US,6,915,001 [P/OL]. 2002-04-25[2002-05-28]. http://patftusp-to. gov/netacgi/nph-Parser? Sect1 = PTO2&Sect2 = HITOFF&p = 1&u =/netahtml/search-bool. html&r=1&f=G&1=50&col=AND&d=ptxt&sl='Electronic+watermarking+method+system'. TTL.. & OS=TTL/.

(6)电子文献:

著录格式:[序号]主要责任者. 题名:其他题名信息[文献类型标志/文献载体标志]. 出版地:出版者,出版年(更新或修改日期)[引用日期]. 获取和访问路径.

示例:

PACS-L: the public-access computer systems forum[EB/OL]. Houston, Tex: University of Houston Libraries, 1989[1995-05-17]. http://info. lib. uh. edu/pacsl. html.

文献类型和标志代码:

普通图书	M	报纸	N	报告	R	数据库	DB
会议录	C	期刊	J	标准	S	计算机程序	CP
汇编	G	学位论文	D	专利	P	电子公告	EB

电子文献载体和标志代码:

磁带(magnetic tape)	MT
磁盘(disk)	DK
光盘(CD-ROW)	CD
联机网络(online)	OL